T012473

Jörg Büchli • Wegzeichen des Seienden

P V E R
V A L A
E R N G
L A G O

Jörg Büchli

Wegzeichen des Seienden

52 Wochensprüche
für alle Freundinnen und Freunde des Altgriechischen,
aus Heraklit, Sokrates und Platon ausgelesen,
Versen aus dem Neuen Testament gegenübergestellt,
sprachlich und inhaltlich kommentiert

P V E R
V A L A
E R N G
L A G O

Die deutsche Bibliothek – CIP-Einheitsaufnahme

Die Deutsche Bibliothek verzeichnet diese Publikation in der Deutschen Nationalbibliographie; detaillierte bibliographische Daten sind im Internet über <http://dnb.ddb.de> abrufbar

Umschlaggestaltung

www.gapa.ch gataric, ackermann und partner, zürich

Druck

ROSCH BUCH GmbH Scheßlitz

ISBN 3-907576-27-6

© Pano Verlag Zürich

www.pano.ch

2. Auflage 2005

Vorwort
zur ersten Auflage

Die folgenden Texte entstammen alle der fortlaufenden Griechischlektüre am theologischen Seminar der Universität Zürich und sollen nun den Weg in eine weitere Öffentlichkeit finden. Sie wollen allen Freundinnen und Freunden des Griechischen helfen, ihre Kenntnisse zu repetieren, sie zu befestigen, zu erweitern und zu vertiefen, darüber hinaus aber auch alle ermuntern, die früher einmal Griechisch gelernt haben, ihre einstigen sprachlichen Fähigkeiten zu erneuern. Aus diesem Grund habe ich die sprachliche Kommentierung sehr ausführlich gehalten; weiterführende Hilfsmittel – die aber am Anfang nicht unbedingt notwendig sind – sind am Schluss des Bändchens in einer Bibliographie verzeichnet. Ebenfalls am Schluss findet sich eine Liste mit den Wörtern und Formen, die mehrmals vorkommen, und auch eine Liste der Abkürzungen. Um der Prägnanz des Gedankens willen habe ich gelegentlich bei Platon die Syntax etwas vereinfacht, beim Neuen Testament hie und da Verse zusammengezogen.

Die Zusammenführung eines griechischen Philosophen mit einem Text des Neuen Testamentes erfolgt aus der Einsicht heraus, dass Glaube und Wissen, bzw. Theologie und Philosophie nur in engster Symbiose zu einem neuen Weltethos führen können, das wir heute zur Überwindung der globalen Zivilisationskrise so dringend benötigen. Der Glaube kann in wundervoller Weise die Herzen zum gemeinsamen Ziel erheben und so in die Breite wirken; aber er begegnet Gefühlswiderständen und Vorurteilen, enthält auch Widersprüche, die nur die Philosophie erhellen und beseitigen kann. Auf der anderen Seite ist die Philosophie – wie Platon schon ganz klar gesehen hat – immer nur Aufgabe einiger weniger; die Wirkung in die Breite ist ihr versagt. Absicht der folgenden Textsammlung ist es, den gemeinsamen Grund von Philosophie und Theologie aufleuchten zu lassen, wobei das eigene Mit- und Nachdenken der Leserinnen und Leser stark gefordert ist. Nur in einigen wenigen Fällen habe ich durch einen Hinweis eine Stelle zu erläutern versucht, wobei auch diese Bemerkung durchaus zum Weiterdenken einladen soll. Letzten Endes geht es darum, das ὄν zu entdecken, von dem wir alle – Glaubende wie Wissende – nur Zeugen sein können. Deshalb ist der Titel der Sammlung formuliert in Anlehnung an eine Stelle von Parmenides (B 8,2), dem eigentlichen Begründer der Ontologie.

Ich danke sehr herzlich Herrn PD Dr. Konrad Schmid für die Aufnahme auch dieses Werkes in den Pano-Verlag, Frau cand. theol. Annette Schellenberg für die freundliche Betreuung der Drucklegung. Herrn Prof. Dr. Werner Kramer, dem Präsidenten der Emil-Brunner Stiftung danke ich sehr herzlich für die Gewährung eines Druckkostenzuschusses.

Zürich, im Januar 2000   Jörg Büchli

Vorwort
zur zweiten Auflage

In der zweiten Auflage wurden die Hinweise bei einzelnen Wochenab-
schnitten um einige vermehrt, um den Leserinnen und Lesern den Ein-
stieg noch etwas zu erleichtern. Ich habe dabei nicht selten zurück-
gegriffen auf den letzten grossen Denker des Seins, Nicolai Hartmann
(1882 - 1950), dessen klare Sprache sich vorzüglich für Erläuterun-
gen eignet. Es soll dadurch auch sein Werk wieder etwas gewürdigt
werden, das heute - völlig zu Unrecht - vollständig vergessen gegan-
gen ist. Neu eingefügt wurde noch die Woche 27, die bei der ersten
Auflage durch ein Versehen meinerseits ausgefallen war. Im übrigen
ist die zweite Auflage ein unveränderter Nachdruck der ersten.

Ich danke dem Theologischen Verlag und dessen Leiterin, Frau Marian-
ne Stauffacher sehr herzlich, dass sie diese zweite Auflage ermög-
licht haben.

Zürich, im November 2004   Jörg Büchli

Das Höchste ist das Anschauen des Verschiedenen

als identisch.

Goethe, Maximen und Reflexionen 1137

Woche 1: Das Uebergreifende

Heraklit B 114

Ξὺν νόῳ λέγοντας ἰσχυρίζεσθαι χρὴ τῷ ξυνῷ πάντων, ὅκωσπερ νόμῳ πόλις, καὶ πολὺ ἰσχυροτέρως. τρέφονται γὰρ πάντες οἱ ἀνθρώπειοι νόμοι ὑπὸ ἑνὸς τοῦ θείου· κρατεῖ γὰρ τοσοῦτον ὁκόσον ἐθέλει καὶ ἐξαρκεῖ πᾶσι καὶ περιγίνεται.

ξύν *(ionisch für σύν [Präposition mit Dativ]):* (in enger Verbindung) mit; **νόος** (= **νοῦς**): (intuitive) Einsicht (die etwas wahrnimmt und es erfasst); **ξὺν νόῳ:** *im Griechischen beliebte Redensart (wir: 'mit Ueberlegung'), die nun von Heraklit entscheidend vertieft wird;* **λέγοντας** *(Akk Pl Mask Part Durativ von* λέγω*):* sagen, reden *(mit Betonung auf dem Inhalt; der Akk ist bedingt dadurch, dass das Part sich prädikativ [d.h. z.B. temporal: 'wenn...'] auf ein nicht genanntes Subjekt bezieht, das beim Infinitiv im Akk stehen muss [Bornemann-Risch § 235.4; Blass-Debrunner-Rehkopf § 410]);* **ἰσχυρίζεσθαι** *(Inf Medium):* sich stark machen, seine Stärke suchen in, sich stützen auf; **χρή** *(bezeichnet die subjektive Notwendigkeit, die im Wesen des Einzelnen liegt):* man soll; **τῷ**: *Dat Sg des Artikels[1];* **ξυνῷ** *(Dat Sg von* ξυνός, *ionisch für* κοινός*):* gemeinsam *(der Dativ bezeichnet eig. das Mittel; das Wortspiel* ξὺν νόῳ - ξυνῷ *ist von Heraklit beabsichtigt; solche Anklänge der Sprache sind für ihn Hinweise auf das Seiende [das im Verborgenen liegt]);* **πάντων** *(Gen Pl von* πάντα*):* alle Einzeldinge; **ὅκωσπερ** *(ionisch für* ὅπωσπερ*):* gerade wie; **νόμῳ** *(Dat Sg zu* νόμος*):* Gesetz; **πόλις**: Stadt; **καί**: und (sogar); **πολύ** *(Adv):* viel; **ἰσχυροτέρως** *(Adv des Komparativs):* stärker; **τρέφονται** *(3 Pers Pl Ind Dur Pass zu* τρέφω*):* ernähren; **γάρ**: nämlich; **πάντες** *(Nom Pl Mask von* πᾶς*):* alle; **οἱ**: *Nom Pl des Artikels[1];* **νόμοι**: *Nom Pl;* **ἀνθρώπειος**: zum Menschen gehörig; **ὑπό** *(Präposition mit Genetiv):* (unter der Einwirkung) von; **ἑνός** *(Gen Sg von* εἷς*):* ein einziger; **τοῦ**: *Gen Sg des Artikels[1];* **θεῖος**: zu Gott gehörig; **κρατεῖ** *(3 Pers Sg Ind Dur Akt zu* κρατέω*):* mächtig sein; **τοσοῦτον** *(adverbieller Akk):* so viel, so weit; **ὁκόσον** *(ionisch für* ὁπόσον*):* wie viel, wie weit; **ἐθέλει** *(3 Pers Sg Ind Dur Akt):* wollen, gewillt sein, 'mögen'; **ἐξαρκεῖ**: *(bei Homer:* Schutz bringen, abwehren, Kraft haben, helfen), genügen, ausreichen; **πᾶσι** *(Dat Pl von* πάντα*):* alle Einzeldinge; **περιγίνεται** *(3 Pers Sg Ind Dur Med-Pass; Deponens):* überlegen sein, übertreffen.

---

[1]vgl die Tabelle auf Seite 113.

6

Markus 1,15:

Πεπλήρωται ὁ καιρὸς καὶ ἤγγικεν ἡ βασιλεία τοῦ θεοῦ· μετανοεῖτε καὶ πιστεύετε ἐν τῷ εὐαγγελίῳ.

πεπλήρωται *(3 Pers Sg Ind Perf Pass von* **πληρόω***):* voll machen, erfüllen; vollenden; **ὁ καιρός**: 1. der richtige Zeitpunkt, 2. Zeit zu../für.. 3. Endgericht, Ende; **ἤγγικεν** *(3 Pers Sg Ind Perf Akt zu* ἐγγίζω*):* in die Nähe kommen *(das Perf meint das Ereignis in der Vergangenheit* und *dessen Nachwirkung bis in die Gegenwart);* **ἡ βασιλεία**: König(!)reich, Königsherrschaft *(mit 'König' wird die Einheit des Reiches betont);* **τοῦ θεοῦ** *(Gen Sg von* θεός*):* Gott *(der Artikel weist auf den bekannten Gott, der sich im AT als Person offenbart hat);* **μετανοεῖτε** *(2 Pers Pl Imp Dur Akt zu* μετανοέω*):* umkehren (zu Gott); **πιστεύετε** *(Imp zu* πιστεύω*):* glauben, vertrauen *(das Durativ betont das Allgemeine des Befehls);* **ἐν** *(Präposition mit Dativ):* bei, wegen, *(nicht ' an', denn dann müsste logischerweise die Reihenfolge der beiden Verben umgekehrt sein);* **τὸ εὐαγγέλιον**: *nicht nur* die frohe Botschaft, *sondern auch* die Siegesbotschaft *(nämlich dass Gott gesiegt hat).*

Hinweis: Das Reich Gottes wird im Evangelium häufig mit einem Festmahl verglichen. Das bedeutet: 1. Alle sind eingeladen, niemand ist ausgeschlossen. 2. Alle werden satt, niemand kommt zu kurz. 3. Das Reich Gottes stiftet Sinn, d.h. es ist der Orientierungspunkt, nach dem der Mensch sein Leben ausrichten kann.

Woche 2: Was alles füllt

Heraklit B 2

Διὸ δεῖ ἕπεσθαι τῷ ξυνῷ. τοῦ λόγου δ' ἐόντος ξυνοῦ ζώουσιν οἱ πολλοὶ ὡς ἰδίαν ἔχοντες φρόνησιν.

διό: deshalb *(das Wort verbindet das Fragment mit dem vorangegangenen Fragment B 114)*; **δεῖ** *(bezeichnet die objektive Notwendigkeit, die allgemein gilt)*: man muss; **ἕπεσθαι** *(Inf Dur Med-Pass; Deponens)*: folgen; **λόγος**: 1. Wort, 2. *der Inhalt des Wortes*: Sachverhalt, Beziehung, Gesetzmässigkeit, Zusammenhang, Sinn; **ἐόντος** *(episch für ὄντος; Gen Sg Mask von ὤν)*: seiend; *ἐόντος bildet zusammen mit λόγου einen genetivus absolutus, § 56.5, der im Deutschen einem Nebensatz entspricht (hier im konzessiven Sinn: 'obschon'...);* **ζώουσιν** *(3 Pers Pl Ind Dur Akt von ζάω)*: leben; **οἱ πολλοί**: die Vielen *(Nietzsche:* die viel zu Vielen); **ὡς** *(zum folgenden Partizip)*: als ob; **ἰδίαν** *(Akk Sg Fem von ἴδιος)*: eigen, besonderer; **ἔχοντες** *(Nom Pl Mask Part Dur Akt von ἔχω)*: haben; **φρόνησιν** *(Akk Sg zu φρόνησις)*: der (gesunde Menschen-)Verstand.

Hinweis: Das Gemeinsame wurde und wird von der Sophistik jeglicher weltanschaulicher Richtung immer bestritten:
1. Wittgenstein: Einen gemeinsamen Logos (d.h. Logik und Sprache) gibt es nicht.
   → Konflikte sind prinzipiell nicht lösbar, da eine gemeinsame Urteilsregel fehlt, die auf beide Argumentationsreihen (der Streitenden) anwendbar ist.
2. G. Wolters: Es gibt nicht die eine, absolute und ewige Wahrheit, der wir uns im (diskutierenden) Erkenntnisprozess annähern (so Platon), sondern wahr ist, was plausibel ist.
   → Über Wahrheit wird abgestimmt, d.h. sie wird durch den Willen der Mehrheit ersetzt und dadurch zur reinen Machtfrage.
   → Wir leben nicht in einer Welt, in der wir uns an Wahrheiten orientieren müssen, sondern wir leben in einer Welt von lauter Kontingenzen oder Möglichkeiten.
3. Lyotard: Die eine Einheit ist bloss ein Terror der Unitotalité. Autonomie (des Individuums, des Staates usw.) ist nur möglich, wenn keine Einheit der Vernunft.
Aber: Der Verzicht auf die Einheit und auf die eine Wahrheit führt gerade nicht zur Freiheit, sondern zum Kampf der Meinungen gegeneinander und damit zur Intoleranz. Recht bekommt, wer am besten andere mit seiner Meinung 'terrorisieren' kann. Wer dagegen nach der einen Wahrheit fragt, der fragt nach dem, was er niemals für sich beanspruchen kann. Er fragt nach dem, was seinem Begreifen grundsätzlich unverfügbar ist. (H. Weder)

Matthäus 5,17:

Μὴ νομίσητε ὅτι ἦλθον καταλῦσαι τὸν νόμον ἢ τοὺς προφήτας· οὐκ ἦλθον καταλῦσαι ἀλλὰ πληρῶσαι.

μή mit *Konj Aorist: Bezeichnung eines Verbots, § 52.2*[2]; **νομίσητε** *(2 Pers Pl Konj Aor Akt zu νομίζω):* die Denkgewohnheit haben; **ὅτι:** dass; **ἦλθον** *(1 Pers Sg Ind Aor II Akt zu ἔρχομαι):* kommen, sich einfinden *(der Aorist ist aus der Sicht der späteren christlichen Gemeinde gesprochen; für sie ist das Kommen Christi schon ein historisches Ereignis und damit gültig);* **καταλῦσαι** *(Inf Aor Akt zu καταλύω):* vollständig abschaffen durch Wort *[eher jüdisch]* oder Tat *[eher griechisch]; der Aorist bezeichnet den endgültigen Vollzug);* **ὁ νόμος:** das Gesetz, die Thora; **ἤ:** oder; **οὐκ** *(Verneinung einer Aussage):* nicht; **ἀλλά:** aber, sondern; **πληρῶσαι** *(Inf Aor Akt zu πληρόω): (die vorangegangenen Verbalformen zeigen, dass dieser Satz eine Hoheitsaussage darstellt, d.h. Christus ist der Herr, nicht der Diener des Gesetzes. πληρόω bedeutet somit hier in der Grundbedeutung)* füllen, ganz ausfüllen *(ähnlich Jeremia 23, 24 von Gott), d.h. wo das Gesetz ist, da ist auch Christus (mit den Geboten der Bergpredigt),* → *Woche 9.*

---

[2]Die Paragraphen verweisen jeweils auf des Verfassers Elementargrammatik zum Neuen Testament 'Am Anfang steht der Logos' im Pano-Verlag (→ Bibliographie).

Woche 3: Das einzig Entscheidende

Heraklit B 32:
῝Εν, τὸ σοφὸν μοῦνον, λέγεσθαι οὐκ ἐθέλει καὶ ἐθέλει Ζηνὸς ὄνομα.

ἓν *(Neutr zu* εἷς*)*: ein einziges; τὸ σοφόν: das Weise; μοῦνον *(ionisch für μόνον)*: allein; λέγεσθαι *(Inf Dur Pass zu* λέγω*)*: sagen, erwähnen, nennen; ἐθέλει *(3 Pers Sg Ind Dur Akt)*; wollen, gewillt sein, einverstanden sein, zulassen; οὐκ ἐθέλει: *abgelehnt wird damit die Identifizierung mit dem homerischen Zeus;* Ζηνός *(epischer Gen Sg zu* Ζεύς*)*: *Heraklit hörte offenbar in dieser Form einen Anklang an* ζῆν *'leben' heraus, ähnlich wie Exodus 3,14* היה *aus dem Gottesnamen* יהוה; Ζηνὸς ὄνομα: *der Name 'Zeus' (genetivus explicativus wie z.B. im Deutschen: der Begriff der Tragödie),* ὄνομα *ist Akkusativ der Beziehung.*

Sinn: Zeus ist nur dann der höchste Gott, wenn man den Hinweis in seinem Namen richtig versteht, nämlich dass er Leben ist, und weise ist nur das, was in Verbindung mit dem Leben steht. Dasselbe gilt von jeder anderen leitenden Person und von jedem leitenden Prinzip.

Hinweis: Das Reden in Paradoxien verletzt die Regeln der Logik (konkret: den Satz des Widerspruchs) und damit selbstverständliche Normen der Gesellschaft. Dies führt zum Konflikt; nach diesem ist aber eine Rückkehr zum früheren Bewusstseinszustand nicht mehr möglich. Das paradoxe Reden bringt so Veränderung und Erneuerung, beide sind aber Kennzeichen jeglichen Lebens. Das Paradox bildet somit die Wirklichkeit nicht nur ab, sondern schafft auch Wirklichkeit.

Johannes 1,4-5:

' Εν αὐτῷ ζωὴ ἦν, καὶ ἡ ζωὴ ἦν τὸ φῶς τῶν ἀνθρώπων· καὶ τὸ φῶς ἐν τῇ σκοτίᾳ φαίνει, καὶ ἡ σκοτία αὐτὸ οὐ κατέλαβεν.

ἐν *(Präposition mit Dativ):* in *(Frage wo? wann?)* ἐν αὐτῷ: in ihm, *d.h. im Logos (Logos = 1. das Schöpfungswort, 2. das Offenbarungswort, 3. Jesus Christus);* ἡ ζωή: das Leben (als Existenz); ἦν *(3 Pers Sg Ind Impf von εἰμί):* er/sie/es war; τὸ φῶς: Licht, Lichtkörper, Leuchte *(φῶς ist Prädikat; der Artikel bezeichnet die vollständige Identität von φῶς und ζωή, § 42,3.2);* 'Licht' *bezeichnet im ethischen Sinn alles, was fern ist von jeglichem Vergehen (auch gegenüber Gott), im religiösen Sinn Heil und Erlösung;* τῶν ἀνθρώπων *(Gen Pl zu ὁ ἄνθρωπος):* der Mensch; σκοτίᾳ *(Dat Sg von σκοτία):* die Finsternis; φαίνει *(3 Pers Sg Ind Dur Akt zu φαίνω):* <die Dinge> sichtbar machen, 'scheinen'; *das Präsens bezeichnet die permanente Eigenschaft des Lichts;* αὐτό: *Personalpronomen der 3. Person Sg Neutrum, bezogen auf φῶς;* οὐ *(Verneinung einer Aussage):* nicht; κατέλαβεν *(3 Pers Sg Ind Aor II Akt zu καταλαμβάνω):* ergreifen, in Besitz nehmen, sich zu eigen machen; begreifen.

Woche 4: Göttliche und menschliche Linie

Heraklit B 78:

Ἦθος γὰρ ἀνθρώπειον μὲν οὐκ ἔχει γνώμας, θεῖον δὲ ἔχει.

τὸ ἦθος: Gewohnheit, Brauch, Sitte; Charakter, Denkweise, Sinnesart; μέν: zwar; γνώμας *(Akk Pl zu γνώμη):* Meinung, Ansicht; Urteil, Entscheid; Grundsatz, Absicht, Wille, Tendenz, 'Linie'; δέ: aber.

Hinweis: Zum menschlichen Verhalten vgl. Martin Luther: Opera hominum probabile est esse peccata mortalia (tödlich).
(Weimarer Ausgabe 1, 353.3)

Johannes 3,16:

Οὕτως γὰρ ἠγάπησεν ὁ θεὸς τὸν κόσμον, ὥστε τὸν υἱὸν τὸν μονογενῆ ἔδωκεν, ἵνα πᾶς ὁ πιστεύων εἰς αὐτὸν μὴ ἀπόληται, ἀλλ' ἔχῃ ζωὴν αἰώνιον.

οὕτως: so *(weist auf das folgende ὥστε)*; **ἠγάπησεν** *(3 Pers Sg Aor zu ἀγαπάω)*: jem gastlich aufnehmen *(d.h. so, wie er gerade ist)*, lieben *(in freier Wahl)*; **ὁ θεός**: *der Artikel weist auf den bekannten Gott, der sich im AT als Person offenbart hat;* **τὸν κόσμον** *(Akk Sg)*: Universum, Weltall, die Welt der Menschen; **ὥστε**: so dass; **τὸν υἱόν** *(Akk Sg)*: Sohn; **μονογενῆ** *(Akk Sg Mask zu μονογενής)*: einziggeboren *(das Adjektiv unterstreicht die Liebe Gottes zur Welt und dass nur der Sohn retten kann);* **ἔδωκεν** *(3 Pers Sg Ind Aor Akt zu δίδωμι)*: geben *(das Verb meint nicht eine Hingabe ins Leiden, sondern in seiner Lapidarität ganz einfach, dass Gott gehandelt hat).* **ἵνα...μή** *(mit Konjunktiv)*: damit...nicht; **πᾶς**: jeder; **πιστεύων** *(Nom Sg Part Dur Akt von πιστεύω)*: vertrauen, glauben *(das Durativ bezeichnet die Handlung als permanente Eigenschaft);* **πιστεύω εἰς**: sein Vertrauen richten auf, glauben an; **εἰς** *(Präposition mit Akk)*: in...hinein; **ἀπόληται** *(3 Pers Sg Konj Aor II Med von ἀπόλλυμαι):* zugrunde gehen, untergehen *(der Aorist meint die Endgültigkeit des Geschehens);* **ἀλλ'** = ἀλλά: aber, sondern; **ἔχῃ** *(3 Pers Sg Konj Dur Akt von ἔχω):* haben *(das Durativ bezeichnet den Besitz als dauernden Zustand);* **αἰώνιον**: 'ewig' *(gemeint ist nicht ein Leben ohne Ende, sondern qualitativ ein Leben in Verbindung mit Gott, d.h. ein Leben, das wirklich diese Bezeichnung verdient; deutsch etwa:),* endgültig, eigentlich, (im tiefsten Sinn des Wortes) wahr.

Hinweis: 'Die Grundtendenz der Liebe ist nie reaktiv auf einen gegebenen (negativen) Zustand der Person wie etwa das Mitleid, sondern spontan, ein ursprüngliches Gerichtetsein auf die Person des Anderen.' (Nicolai Hartmann)

Woche 5: Das Ausserweltliche

Heraklit B 108

' Ὁκόσων λόγους ἤκουσα, οὐδεὶς ἀφικνεῖται ἐς τοῦτο, ὥστε γινώσκειν ὅτι σοφόν ἐστι πάντων κεχωρισμένον.

ὁκόσων *(ionisch für ὁπόσων; Gen Pl Mask):* wieviele; λόγους *(Akk Pl von λόγος):* Wort *(mit Betonung des Inhaltes);* ἤκουσα *(1 Pers Sg Ind Aor von ἀκούω):* hören *(der Akk meint das zufällige Hören wie bei der Redeweise: 'mir ist zu Ohren gekommen');* οὐδεὶς: niemand, keiner; ἀφικνεῖται *(3 Pers Sg Ind Dur Med-Pass; Deponens):* gelangen zu; ἐς *(Präposition mit Akk):* hinein...in; hin...zu; τοῦτο *(Akk Sg Neutr des Demonstrativpronomens):* dieses; ὥστε: so dass *(hier mit dem Inf verbunden; der Inf bezeichnet die Folge als bloss möglich oder gedacht);* γινώσκειν *(Inf Dur Akt):* erkennen *(im Einzelnen, nicht allgemein);* ὅτι: dass; σοφόν *(Nom Sg Neutr):* ein Weises; πάντων *(Gen Pl von πάντα):* alle Einzeldinge; κεχωρισμένον *(Nom Sg Neutr des Part Perf Pass von χωρίζω):* abgetrennt *(das Perf bezeichnet den unabänderlichen Zustand).*

14

Johannes 3,3:

' Ἀπεκρίθη ' Ἰησοῦς καὶ εἶπεν αὐτῷ· ἀμὴν ἀμὴν λέγω σοι, ἐὰν μή τις γεννηθῇ ἄνωθεν, οὐ δύναται ἰδεῖν τὴν βασιλείαν τοῦ θεοῦ.

ἀπεκρίθη *(3 Pers Sg Ind Aor Pass; Deponens)*: antworten; **εἶπεν** *(3 Pers Sg Ind Aor II Akt von εἶπον zu λέγω)*: sagen *(mit Betonung des Inhalts)*; **αὐτῷ** *(Dat Sg Mask des Personalpronomens der dritten Person)*: zu ihm *(d.h. Nikodemus)*; **ἀμήν:** fürwahr, wahrhaftig *(das Wort hat im Munde von Jesus einen ontologischen, nicht voluntativen Sinn; es entspricht dem klassischen ἦ μήν 'ganz gewiss' und gibt - da aus dem Hebräischen entnommen - dem Spruch einen charismatischen Charakter)*; **σοι** *(Dat Sg des Personalpronomens der zweiten Person)*: zu dir; **ἐάν** *(Konjunktion mit Konjunktiv)*: wenn *(ἄν mit Konjunktiv bezeichnet ein für die Zukunft mögliches und erwartetes Geschehen, den sog. Eventualis § 53.1)*; **μή:** Verneinung des Konditionalsatzes; **τις** *(Indefinitpronomen, unbetont)*: irgendeiner; **γεννηθῇ** *(3 Pers Sg Konj Aor Pass zu γεννάω)*: zeugen, gebären *(der Aorist bezeichnet den Einzelfall)*; **ἄνωθεν:** 1. von oben *(d.h. vom Himmel)*, 2. vom Anfang her *(d.h. von dem her, was im Prolog des Evangeliums gesagt ist)*, 3. von neuem; *(zu beachten ist, dass Johannes gerne ein mehrdeutiges Wort gleichzeitig in verschiedenen Bedeutungen verwendet)*; **δύναται** *(3 Pers Sg Ind Dur Akt zu δύναμαι)*: können, imstande sein *(aufgrund eigener Kraft)*; **ἰδεῖν** *(Inf Aor II Akt)*: sehen, erblicken; erfahren.

Woche 6: Wert und Unwert

Heraklit B 102:

Τῷ μὲν θεῷ καλὰ πάντα καὶ ἀγαθὰ καὶ δίκαια, ἄνθρωποι δὲ ἃ μὲν ἄδικα ὑπειλήφασιν ἃ δὲ δίκαια.

τῷ θεῷ *(Dat Sg von θεός):* Gott *(der Artikel bezeichnet Gott individualisierend als eindeutige, fest bestimmte personale Grösse)*; **καλά** *(Nom Pl Neutr von καλός):* 1. passend, richtig, 2. recht, einwandfrei, 3. gut, 4. schön; **πάντα** *(Subjekt):* alle Einzeldinge; **ἀγαθά** *(zu ἀγαθός):* gut, tauglich; **δίκαια:** gerecht; **ἄνθρωποι** *(Nom Pl):* Mensch *(die Artikellosigkeit bezeichnet generalisierend die Menschen als mehrdeutige, nicht fest bestimmbare Grösse)*; **ἃ μὲν......ἃ δέ** *(Akk Pl Neutr des Relativpronomens):* das eine...das andere; **ἄδικα:** ungerecht; **ὑπειλήφασιν** *(3 Pers Pl Ind Perf II Akt von ὑπολαμβάνω)* : annehmen, vermuten, glauben, meinen *(mit Betonung des Subjektiven; das Perf bezeichnet den unabänderlichen Zustand, d.h. dieses ὑπειλήφασιν ist ein Kennzeichen der Menschen).*

Sinn: Dass es Gut und Böse gibt, ist gut; es gilt nicht: dass es das Böse gibt, ist schlecht, und dass es das Gute gibt, ist gut.

Matthäus 5, 44-45, 48:

᾿ Ἐγὼ δὲ λέγω ὑμῖν, ἀγαπᾶτε τοὺς ἐχθροὺς ὑμῶν καὶ προσεύχεσθε ὑπὲρ τῶν
διωκόντων ὑμᾶς, ὅπως γένησθε υἱοὶ τοῦ πατρὸς ὑμῶν τοῦ ἐν οὐρανοῖς, ὅτι τὸν ἥλιον
αὐτοῦ ἀνατέλλει ἐπὶ πονηροὺς καὶ ἀγαθοὺς καὶ βρέχει ἐπὶ δικαίους καὶ ἀδίκους.
῍Ἔσεσθε οὖν ὑμεῖς τέλειοι ὡς ὁ πατὴρ ὑμῶν ὁ οὐράνιος τέλειός ἐστιν.

ἐγώ: ich; **ὑμῖν** *(Dat Pl des Personalpronomens der zweiten Person):* euch; **ἀγαπᾶτε**
(2 Pers Pl Ind oder Imp Dur Akt zu ἀγαπάω): jem gastlich aufnehmen *(d.h. so, wie er
gerade ist),* lieben *(in freier Wahl; das Durativ bezeichnet den allgemeinen Befehl);* **ἐχθρούς**
(Akk Pl von ἐχθρός): (jeder beliebige) Feind; **ὑμῶν** *(Gen Pl des Personalpronomens der zweiten
Person);* von euch, 'euer'; **προσεύχεσθε** *(2 Pers Pl Ind oder Imp Dur Med-Pass zu προσ-
εύχομαι):* anbeten, beten; **ὑπέρ** *(Präposition mit Genetiv):* 1. zum Schutze von,
2. anstatt, 3. mit Rücksicht auf, für; **διωκόντων** *(Gen Pl Mask des Part
Dur Akt von διώκω):* verfolgen; **ὑμᾶς** *(Akk Pl des Personalpronomens der zweiten Person):*
euch; **ὅπως** *(Konjunktion mit Konjunktiv):* dass, damit; **γένησθε** *(2 Pers Pl Konj
Aor II Med von γίνομαι):* 1. werden als *(d.h. werden, was man schon ist),* 2. werden zu
(d.h. werden, wozu man berufen ist); **υἱοί** *(Nom Pl zu υἱός):* 1.(leiblicher) Sohn,
2. Zugehöriger; **πατρός** *(Gen Sg von πατήρ):* Vater; **οὐρανοῖς** *(Dat Pl von
οὐρανός):* Himmel *(der Plural ist vom Hebräischen her bestimmt);* **ὅτι:** weil; **ἥλιον**
(Akk Sg von ἥλιος): Sonne; **αὐτοῦ** *(Gen Sg Mask des Personalpronomens der dritten Person):*
von ihm, 'sein'; **ἀνατέλλει** *(3 Sg Ind Dur Akt zu ἀνατέλλω):* aufgehen lassen;
ἐπί *(Präposition mit Akk):* auf...hin; **πονηρούς** *(zu πονηρός):* (moralisch) schlecht,
böse; **βρέχει** *(zu βρέχω):* regnen lassen; **ἔσεσθε** *(2 Pers Pl Ind Fut Med zu εἰμί):*
'ihr werdet sein'; **οὖν:** also, nun; **ὑμεῖς** *(Nom Pl des Personalpronomens der zweiten
Person):* ihr *(betont);* **τέλειοι:** 1. vollständig *(d.h. ausserhalb gibt es nichts Dazu-
gehörendes),* 2. vollendet *(d.h. ausserhalb gibt es keine Steigerung mehr),* 3. zu Ende
gebracht, ver-wirklicht, 4. verwirklichend, wirksam, mächtig, 5.
ausgewachsen, ausgereift, erwachsen, 6. unversehrt, ungeteilt, ganz;
ὡς: wie; **πατήρ:** Vater; **οὐράνιος:** himmlisch, im Himmel; **ἐστιν:** er/sie/es
ist.

Hinweis: Die Feindesliebe ist nicht Taktik eines Kämpfers, Grossmut
eines Siegers, Resignation eines Besiegten, Abgeklärtheit eines
Weisen, sondern Zeichen für das bedingungslose (!) Ja Gottes zum
Menschen, Ausdruck dafür, dass das Reich Gottes im Anbruch ist
und dass der Mensch dem entsprechen soll. (U. Luz)

Woche 7: Alles ist eins

Heraklit B 50:

Οὐκ ἐμοῦ, ἀλλὰ τοῦ λόγου ἀκούσαντας ὁμολογεῖν σοφόν ἐστιν ἓν πάντα εἶναι.

ἐμοῦ *(Gen Sg von ἐγώ):* auf mich; ἀλλά: aber, sondern; ἀκούσαντας *(Akk Pl Mask des Part Aor Akt von ἀκούω):* hören auf *(die beiden Genetive bezeichen die Objekte, auf die man bewusst hinhört; der Akk ist bedingt dadurch, dass das Part sich prädikativ [d.h. z.B. temporal: 'wenn...'] auf ein nicht genanntes Subjekt bezieht, das beim Infinitiv im Akk stehen muss [Bornemann-Risch § 235.4; Blass-Debrunner-Rehkopf § 410]);* ὁμολογεῖν *(Inf Dur Akt):* im Einklang mit dem Logos sagen, eingestehen, anerkennen; πάντα *(Subjekt des ACI [accusativus cum infinitivo] ~ abhängiger Aussagesatz § 55):* alle Einzeldinge; εἶναι *(mit ἕν zusammen das Prädikat des ACI):* sein.

Sinn: Wo die Menschen nur unzusammenhängende einzelne Dinge sehen, sieht der Denker die Einheit der Welt.

Johannes 17,22-23:

Κἀγὼ τὴν δόξαν, ἥν δέδωκάς μοι, δέδωκα αὐτοῖς, ἵνα ὦσιν ἕν καθὼς ἡμεῖς ἕν· ἐγὼ ἐν αὐτοῖς καὶ σὺ ἐν ἐμοί, ἵνα ὦσιν τετελειωμένοι εἰς ἕν.

κἀγώ: *Zusammenschreibung von* κаί *und* ἐγώ; **τὴν δόξαν** *(Akk Sg von* ἡ δόξα*)*: Gewicht, Bedeutung, Herrlichkeit, Ruhm, Würde *(für hebr* כָּבוֹד ; δόξα *ist eigentlich Besitz des Trägers und kann ihm nicht von einem Aussenstehenden verliehen werden)*; **ἥν**: *Akk Sg Fem des Relativpronomens*[3]; **δέδωκας** *(2 Pers Sg Ind Perf Akt von* δίδωμι*)*: geben; **μοι** *(unbetonter Dat Sg von* ἐγώ*)*: mir; **δέδωκα** *(1 Pers Sg Ind Perf Akt von* δίδωμι*)*: *das Perf bezeichnet das Unabänderliche und das Zeichenhafte, d.h. die Menschen tragen nun als ihr Kennzeichen die göttliche Würde (vgl Matth 5, 13+14);* **αὐτοῖς**: *Dat Pl Mask des Personalpronomens der dritten Person;* **ἵνα** *(Konjunktion mit Konjunktiv):* damit; **ὦσιν** *(3 Pers Pl Konj Dur Akt von* εἰμί*)*: sein; **καθώς**: (demgemäss) wie; insofern, als; da ja; **ἡμεῖς**: wir; **σύ**: du; **ἐμοί** *(betonter Dat Sg von* ἐγώ*)*: mir; **τετελειωμένοι** *(Nom Pl Mask des Part Perf Pass von* τελειόω*)*: vollständig -, vollendet -, verwirklicht-, erwachsen -, unversehrt -, ungeteilt -, ganz machen.

---

[3]vgl Tabelle auf Seite 113.

Woche 8: Die Einheit der Gegensätze

Heraklit B 10:

Συλλάψιες· ὅλα καὶ οὐχ ὅλα, συμφερόμενον διαφερόμενον, συνᾷδον διᾷδον, καὶ ἐκ πάντων ἓν καὶ ἐξ ἑνὸς πάντα.

συλλάψιες *(ionischer Nom Pl für συλλάψεις [zu σύλλαψις])*: das Zusammennehmen, die Verbindung; **ὅλα** *(Nom Pl Neutr zu ὅλον)*: Ganzes, Ganzheit, Unversehrtes; **οὐχ** *(= οὐκ)*: nicht; **συμφερόμενον** *(Nom Sg Neutr des Part Dur Med-Pass zu συμ-φέρομαι)*: sich treffen, zusammenkommen; **διαφερόμενον**: sich trennen, auseinandergehen; **συνᾷδον** *(Nom Sg Neutr des Part Dur Akt von συνᾴδω)*: zusammensingen, übereinstimmen; **διᾷδον**: disharmonieren, misstönen; **ἐκ, ἐξ** *(Präposition mit Genetiv)*: aus...heraus *(Bezeichnung des Ursprungs)*.

B 51:

Οὐ ξυνιᾶσιν, ὅκως διαφερόμενον ἑωυτῷ συμφέρεται· παλίντονος ἁρμονίη ὅκωσπερ τόξου καὶ λύρης.

ξυνιᾶσιν *(ionisch für συνιᾶσιν, 3 Pers Pl Ind Dur Akt zu συνίημι)*: geistig zusammenbringen; 'verstehen'; **ὅκως** *(ionisch für ὅπως)*: wie; **ἑωυτῷ** *(ionisch für ἑαυτῷ)*, *Dat Sg Neutr des Reflexivpronomens der dritten Person)*: mit sich selbst; **συμφέρεται**: *3 Pers Sg Ind Dur Med-Pass von συμφέρομαι;* **παλίντονος**: sich zurückspannend *(übliches Attribut des Bogens bei Homer, weil der Bogen normalerweise im ungespannten Zustand aufbewahrt wird; auch hier verlangt Heraklit, dass ein bekanntes Wort in einem tieferen Sinn neu verstanden wird);* **ἁρμονίη** *(ionisch für ἁρμονία)*: Zusammenfügung, Verbindung, Einklang; **ὅκωσπερ**: gerade wie; **τόξου** *(Gen Sg von τὸ τόξον)*: der Bogen *(Waffe)*; **λύρης** *(ionischer Gen Sg von ἡ λύρα)*: die Leier.

Sinn: Die Menschen können die Einheit der Gegensätze nicht sehen; sie trennen diese ständig und zerstören so Leben. *(Das Fragment 51 enthält eine der tiefsten Einsichten, die je geäussert worden sind, vgl Goethe:)*

Was ist das Schwerste von allem? Was dir das Leichteste dünkt!
  Mit den Augen zu sehn, was vor den Augen dir liegt.
    (Goethe, *Xenien aus dem Nachlass, Nr. 45)*

20

Matthäus 22, 37-39:

᾽Αγαπήσεις κύριον τὸν θεόν σου ἐν ὅλῃ τῇ καρδίᾳ σου καὶ ἐν ὅλῃ τῇ ψυχῇ σου καὶ
ἐν ὅλῃ τῇ διανοίᾳ σου· αὕτη ἐστὶν ἡ μεγάλη καὶ πρώτη ἐντολή. δευτέρα δὲ ὁμοία
αὐτῇ· ᾽Αγαπήσεις τὸν πλησίον σου ὡς σεαυτόν.

ἀγαπήσεις: *2 Pers Sg Ind Fut Akt zu* ἀγαπάω; **κύριον** *(Akk Sg):* der Herr *(der be-stimmen kann);* **σου** *(Gen Sg des Personalpronomens der zweiten Person):* von dir, 'dein';
ὅλῃ *(Dat Sg Fem zu* ὅλος*):* ganz; **καρδία**: Herz *(als Sitz des Gemütes und der Empfindung);*
ψυχή: Seele, *(das individuelle)* Leben, Person; **διάνοια**: Gedanke, Verstand;
αὕτη *(Nom Sg Fem des Demonstrativpronomens):* diese *(als Subjekt richtet sich* αὕτη *im Ge-schlecht nach dem Prädikat* ἐντολή, § 44.2); **μεγάλη** *(Nom Fem Sg von* μέγας*):* gross *(der
Positiv ist hier nach dem Vorbild des Hebräischen als Superlativ gemeint, Blass-Debrunner-Rehkopf
§ 245.2);* **πρώτη** *(Nom Sg Fem zu* πρῶτος*):* erste *(durch die attributive Stellung zwischen Artikel
und Substantiv sind* μεγάλη *und* πρώτη *stark betont, § 43.1);* **ἐντολή** *(Nom Sg Fem)*: Auftrag,
Gebot; **δευτέρα** *(Nom Sg Fem):* zweite; **ὁμοία** *(zu* ὅμοιος*):* ähnlich, gleich.

Sinn: Liebe zu Gott ist nicht möglich ohne Liebe zum Nächsten und
umgekehrt, Liebe zum Nächsten ist nicht möglich ohne Liebe zu Gott.
Heiliges und Profanes wird so in seiner Gegensätzlichkeit identisch.

Paulus (1 Kor 10,24 + 13,5):

Μηδεὶς τὸ ἑαυτοῦ ζητείτω, ἀλλὰ τὸ τοῦ ἑτέρου. ἡ ἀγάπη οὐ ζητεῖ τὰ ἑαυτῆς.

μηδείς *(nur in Begehrsätzen):* niemand; **τὸ ἑαυτοῦ** *(Gen der Zugehörigkeit):* das, was
zu einem selbst gehört = das Seine; **ζητείτω** *(3 Pers Sg Imp Dur Akt von*
ζητέω*):* suchen, sich zu verschaffen suchen *(das Durativ bezeichnet die Allgemein-gültigkeit des Befehls);* **ὁ ἕτερος**: der andere *(von zwei);* **ἡ ἀγάπη**: die *(frei
wählende)* Liebe *(die den andern nimmt, so wie er ist).*

Woche 9: Gerechtigkeit und Liebe

Aristoteles, Nikomachische Ethik 1155a 26:

Φίλων μὲν ὄντων οὐδὲν δεῖ δικαιοσύνης, δίκαιοι δ' ὄντες προσδέονται φιλίας.

ὁ φίλος: der Freund *(der die Dinge des andern auch als die seinigen betrachtet);* ὄντων *(Gen Pl Mask von ὤν):* seiend; ὄντων *bildet zusammen mit* φίλων *einen genetivus absolutus, § 56.5, der im Deutschen einem Nebensatz entspricht (z.B.: wenn...; weil...);* οὐδέν: in nichts, in keiner Weise; δεῖ *(verbunden mit Genetiv als Objekt):* man benötigt, man braucht; δικαιοσύνη: Gerechtigkeit *(im Sinne des richtigen Verhaltens gegenüber den Mitmenschen und der Gemeinschaft);* δίκαιος: gerecht; ὄντες *(Nom Pl Mask von ὤν):* seiend *(auch das Partizip vertritt hier einen Nebensatz);* προσδέονται *(3 Pers Pl Ind Dur Med-Pass von* προσδέομαι, *verbunden ebenfalls mit Genetiv):* noch dazu benötigen; ἡ φιλία: die Freundschaft.

Sinn: 'Gerechtigkeit ist zwar in ihrer Intention auch aufbauend, in ihren Grundlagen aber ist sie negativ, ihre ersten Forderungen sind Verbote und Einschränkungen. Die Nächstenliebe ist von vornehrein positiv. Ihr Gebot sagt gleich, was man tun soll. Freilich sagt sie eben damit auch, was man nicht tun soll. Aber das Negative bleibt untergeordnet. Sie umfasst also in ihrer Tendenz die Gerechtigkeit und geht inhaltlich über sie hinaus.' (Nicolai Hartmann)

Matthäus 5, 20:

Λέγω γάρ ὑμῖν, ὅτι, ἐὰν μὴ περισσεύσῃ ὑμῶν ἡ δικαιοσύνη πλεῖον τῶν
γραμματέων καὶ Φαρισαίων, οὐ μὴ εἰσέλθητε εἰς τὴν βασιλείαν τῶν οὐρανῶν.

μή: *ist auch die Verneinung des Konditionalsatzes;* **περισσεύσῃ** *(3 Pers Sg Konj Aor Akt von*
περισσεύω): im Ueberfluss vorhanden sein *(der Aorist meint hier den Vollzug:*
'tatsächlich'); **ὑμῶν**: *ist hier betont vorangestellt (gemeint sind alle Zuhörer der Bergpredigt, d.h.*
letzten Endes alle Menschen); **δικαιοσύνη**: Gerechtigkeit *(im Sinne des richtigen Verhaltens*
vor Gott gegenüber den Mitmenschen und der Gemeinschaft); **πλεῖον**: mehr (als);
γραμματέων *(Gen Pl von* γραμματεύς, *der Genetiv bezeichnet den Vergleichspunkt:* als..):
Schriftgelehrter *(die Schriftgelehrten waren zur Zeit Jesu die jüdischen Theologen und*
Juristen, die in amtlicher Funktion das Gesetz erforschten, lehrten, auslegten und nach ihm richteten).
Φαρισαῖος: Pharisäer *(die Pharisäer sind eine Laienbewegung, die - im Gegensatz zu den*
Schriftgelehrten - auch die nur mündlich überlieferte Gesetzestradition anerkennt und so das alte
mosaische Gesetz an die neuen Gegebenheiten anzupassen versucht. Insbesondere versuchten sie die
kultischen Reinheitsvorschriften, die nur für die Priester galten, auf das ganze Volk auszudehnen.
Die Pharisäer überlebten als einzige die Katastrophe von 70 n. Chr. (Zerstörung des Tempels durch
die Römer). Auch das heutige Judentum ist im wesentlichen pharisäisch. **οὐ μή** *(mit Konj Aor):*
entschiedene Verneinung einer Aussage für die Zukunft: 'ganz gewiss nicht';
εἰσέλθητε *(2 Pers Pl Konj Aor II Akt zu* εἰσέρχομαι): hineinkommen.

Sinn: Die übliche Gerechtigkeit muss - so zeigt die Fortsetzung der
Bergpredigt - überhöht werden durch die Feindesliebe.

Woche 10: Glaube und Hoffnung

Heraklit B 18:
’ Ἐὰν μὴ ἔλπηται ἀνέλπιστον, οὐκ ἐξευρήσει, ἀνεξερεύνητον ἐὸν καὶ ἄπορον.

ἔλπηται *(3 Pers Sg Konj Dur Pass von ἔλπω):* hoffen, erhoffen; **ἀνέλπιστον** *(Nom Sg Neutr)*: ein Unverhofftes, ein Unerwartetes; **ἐξευρήσει** *(3 Pers Sg Ind Fut Akt zu ἐξευρίσκω):* herausfinden; **ἀνεξερεύνητον**: unaufspürbar; **ἐόν** = ὄν *(zu ἀνέλπιστον)*: seiend *(das Part vertritt einen Nebensatz, z.B. 'weil...');* **ἄπορον**: wo es keinen Durchgang gibt; unwegsam, unzugänglich.

B 86:
Τὸ ἀνέλπιστον[4] ἀπιστίη διαφυγγάνει μὴ γιγνώσκεσθαι.

τὸ ἀνέλπιστον: das Unverhoffte, das Unerwartete; **ἀπιστίη** *(Dat Sg von ἀπιστίη [ionisch für ἀπιστία]):* Mangel an Vertrauen, fehlende Zuversicht, Misstrauen; **διαφυγγάνει** *(3 Pers Sg Ind Dur Akt zu διαφυγγάνω):* entkommen, entwischen, entfliehen; sich entziehen; **μὴ**: *Verneinung des folgenden finalen oder konsekutiven Infinitivs;* **γιγνώσκεσθαι** *(Inf Dur Pass):* erkannt werden.

Sinn: In der Spannung zwischen dem Unverhofften und der Wirklichkeit steht der Glaube und hier ereignet sich die Erkenntnis, die für das Leben fruchtbar wird.

---

[4]τὸ ἀνέλπιστον ist Konjektur von Marcovich; überliefert ist τῶν θείων τὰ πολλά 'das Meiste des Göttlichen'.

Johannes 1, 14:

Καὶ ὁ λόγος σὰρξ ἐγένετο καὶ ἐσκήνωσεν ἐν ἡμῖν, καὶ ἐθεασάμεθα τὴν δόξαν αὐτοῦ, δόξαν ὡς μονογενοῦς παρὰ πατρός, πλήρης χάριτος καὶ ἀληθείας.

ὁ λόγος: 1. das Schöpfungswort, 2. das Offenbarungswort, 3. Jesus Christus; ἡ σάρξ: *(eig. das lebende Fleisch am Körper; gemeint ist:)* ein hinfälliger Mensch mit seiner Begrenztheit, Verletztlichkeit und Geschöpflichkeit. ἐγένετο *(3 Pers Sg Ind Aor II Med zu γίνομαι; hier ist das Verb verwendet als Vergangenheitsform von 'sein', und zwar im Sinne des einmaligen historischen Ereignisses):* 'er war'; ἐσκήνωσεν *(3 Pers Sg Ind Akt zu σκηνόω):* sein Zelt aufschlagen, eine begrenzte Zeit wohnen; ἐν: mitten unter; ἡμῖν *(Dat Pl des Personalpronomens der ersten Person):* uns; ἐθεασάμεθα *(1 Pers Pl Ind Aor Med von θεάομαι; Deponens):* feierliches sehen, schauen; θεάομαι *betont als Deponens die eigene Aktivität beim Sehen; der unvermittelte Wechsel im Subjekt zur 1 Pers Pl zeigt, dass sich die Inkarnation des Göttlichen nur dem Glaubenden erschliesst: das Evangelium ist kein Dokumentarbericht, sondern ein Bekenntnisbuch;* ὡς: 1. wie, 2. als (→ weil); μονογενοῦς *(Gen Sg Mask von μονογενής):* einziggeboren *(Sinn: alles liegt im Logos);* παρά *(Präposition mit Genetiv):* von (seiten)...her; πλήρης *(Nom Sg, zu beziehen auf λόγος):* voll *(das Wort ist ganz wörtlich zu verstehen: im Logos hat ausser Gnade und Wahrheit nichts Raum);* χάριτος *(Gen Sg von χάρις, abhängig von πλήρης):* Gnade, *d.h. ein Geben aus Gnade, das den Beschenkten kennzeichnet und ihn zum Weitergeben veranlasst;* ἀλήθεια: Wahrheit, *d.h. 1. die Unentzogenheit <Gottes> (Ggsatz: Verborgenheit); 2. Wahrheit (Ggsatz: Lüge); 3. Zuverlässigkeit, Treue <Gottes> (Ggsatz: Enttäuschung).*

Hinweis: Nach Johannes ist nicht die Kreuzigung, sondern die Menschwerdung Gottes das eigentlich Anstössige, denn es ist ein ἀνέλπιστον.

Woche 11: Das Verborgene

Heraklit B 123:

Φύσις δὲ κρύπτεσθαι φιλεῖ.

ἡ φύσις: 1. die lebendig schaffende Natur, 2. die eigentliche Beschaffenheit/das wahre Wesen der einzelnen Dinge; **κρύπτεσθαι** *(Inf Dur Med von κρύπτω):* sich verstecken; **φιλεῖ** *(3 Pers Sg Ind Dur Akt zu φιλέω):* zu eigen sein, lieben.

Sinn: Die durativen Formen zeigen, dass - im Gegensatz zur Meinung der gewöhnlichen Menschen - die Erkenntnis niemals abgeschlossen ist; es gibt den Erkenntnisprogress.

B 54:

Ἀρμονίη ἀφανὴς φανερῆς κρείττων.

ἀρμονίη *(ionisch für ἀρμονία):* Verbindung, Fügung, Struktur; Einklang *(Heraklit denkt hier wohl an die Fügung der Gegensätze);* **ἀφανής:** sich nicht zeigend, unsichtbar; **φανερῆς <ἀρμονίης>** *(Gen Sg Fem von φανερός):* sichtbar *(der Genetiv bezeichnet hier den Vergleichspunkt: als..);* **κρείττων:** stärker, besser.

Sinn: Mit diesem Fragment beginnt im abendländischen Denken die Metaphysik. Das nicht den Sinnen Zugängliche wird nun das eigentliche Thema der Philosophie. Diese Tiefendimension der Wirklichkeit ist dabei das ursprünglich Bestimmende.

An die Hebräer 11,1:

Ἔστιν δὲ πίστις ἐλπιζομένων ὑπόστασις, πραγμάτων ἔλεγχος οὐ βλεπομένων.

πίστις: Glaube *(der Artikel fehlt, weil der Begriff in einem allgemeinen Sinn gemeint ist);* ἐλπιζομένων *(Gen Pl Neutr des Part Dur Pass von* ἐλπίζω): hoffen, erhoffen; ὑπόστασις: *die hinter den Erscheinungen stehende Wirklichkeit, die sich manifestieren oder realisieren will (z.B. in der Astrologie die in der Gestirnskonstellation vorhandene Wirklichkeit des Lebens), etwa:* Wirksamkeit, Grundlage; πραγμάτων *(Gen Pl von* πρᾶγμα): Sache, Ding *(abstrakt);* ἔλεγχος: 1. indirekter Beweis, Widerlegung, 2. (allg.) Beweis; οὐ *(statt* μή *wie sonst im NT beim Partizip) bildet hier mit dem folgenden Wort einen negativen Begriff;* βλεπομένων *(zu* βλέπω): sehen; πραγμάτων ἔλεγχος οὐ βλεπομένων: *Apposition (Erläuterung) zum vorangegangenen Prädikat,* ἔλεγχος *fundiert dabei* ὑπόστασις.

Wichtig: *Die beiden Gen Pl* ἐλπιζομένων *und* βλεπομένων *können sowohl als genetivus subiectivus ('von...her') als auch als genetivus obiectivus ('für...') verstanden werden.*

Woche 12: Schlafen und Wachen

Heraklit B 73:

Οὐ δεῖ ὥσπερ καθεύδοντας ποιεῖν καὶ λέγειν· καὶ γὰρ καὶ τότε δοκοῦμεν ποιεῖν καὶ λέγειν.

ὥσπερ: gerade so, wie; **καθεύδοντας** *(Akk Pl Mask des Part Dur Akt von καθεύδω)*: schlafen; *(der Akk ist bedingt dadurch, dass das Part sich prädikativ [d.h. z.B. modal: 'indem...']
auf ein nicht genanntes Subjekt bezieht, das beim Infinitiv im Akk stehen muss [Bornemann-Risch § 235.4; Blass-Debrunner-Rehkopf § 410]);* **ποιεῖν** *(Inf Dur Akt):* tun, machen *(konkret);* **ποιεῖν καὶ λέγειν:** *beide Infinitive stehen komplementär und stellvertretend für jegliche Tätigkeit der Menschen;* **καὶ γὰρ καί:** denn auch *(stark betont);* **τότε:** dann, *d.h. im Schlaf;* **δοκοῦμεν** *(1 Pers Pl Ind Dur Akt von δοκέω):* meinen, wähnen *(im subjektiven Sinn).*

Sinn: 'Die meisten Menschen verbringen ihr Leben in einem halb-bewussten Sichtreibenlassen und nur selten kommt es bei ihnen zu einem bewussten Ueberschlag ihres Lebens, zur vollen Perspektive der unvermeidlichen Verantwortung im ethischen Handeln".
(Nicolai Hartmann in seiner Einleitung zur Ethik)

Paulus (1 Thess 5, 5-8):

Πάντες γὰρ ὑμεῖς υἱοὶ φωτός ἐστε καὶ υἱοὶ ἡμέρας. οὐκ ἐσμὲν νυκτὸς οὐδὲ σκότους· ἄρα οὖν μὴ καθεύδωμεν ὡς οἱ λοιποί, ἀλλὰ γρηγορῶμεν καὶ νήφωμεν. οἱ γὰρ καθεύδοντες νυκτὸς καθεύδουσιν, καὶ οἱ μεθυσκόμενοι νυκτὸς μεθύουσιν· ἡμεῖς δὲ ἡμέρας ὄντες νήφωμεν, ἐνδυσάμενοι θώρακα πίστεως καὶ ἀγάπης καὶ περικεφαλαίαν, ἐλπίδα σωτηρίας.

πάντες *(Nom Pl Mask von πᾶς):* alle; **υἱοί** *(Nom Pl):* Sohn; **φωτός** *(Gen Sg von φῶς):* Licht; **ἐστε:** ihr seid; **ἡμέρας** *(Gen Sg von ἡμέρα):* Tag *(gemeint ist der Tag des Herrn, d.h. das Endgericht, an dem alles endgültig zur Klarheit kommen wird.)* **ἐσμὲν:** wir sind; **νυκτός** *(Gen Sg von νύξ):* Nacht; **οὐδὲ:** und nicht, auch nicht; **σκότους** *(Gen Sg von σκότος):* Finsternis; *die drei bisherigen Genetive bezeichnen alle die Zugehörigkeit.* **ἄρα:** folglich; **καθεύδωμεν** *(1 Pers Pl Konj Dur Akt zu καθεύδω):* schlafen; *der Konjunktiv bezeichnet - ebenso im Folgenden - den sog. Adhortativ, d.h. einen Befehl, bei dem sich der Befehlsgeber miteinschliesst;* dt: lasst uns...! wir wollen...! **οἱ λοιποί:** die übrigen; **γρηγορῶμεν** *(1 Pers Pl Konj Dur Akt zu γρηγορέω):* wach sein, wachen; **νήφωμεν** *(1 Pers Pl Konj Dur Akt zu νήφω):* nüchtern sein; **καθεύδοντες:** *Nom Pl Mask des Part Dur Akt;* **νυκτός:** *hier und im folgenden bezeichnet der Genetiv den zeitlichen Bereich:* nachts, in der Nacht; **μεθυσκόμενοι** *(Nom Pl Mask des Part Dur Akt zu μεθύσκομαι):* sich betrinken; **μεθύουσιν** *(3 Pers Pl Ind Dur Akt zu μεθύω):* betrunken sein; **ἡμέρας:** *Der Genetiv bezeichnet auch hier die Zugehörigkeit.* **ἐνδυσάμενοι** *(Nom Pl Mask des Part Aor Med zu ἐνδύομαι):* sich anziehen, sich bekleiden mit *(Der Aorist bezeichnet das Einmalige und Endgültige);* **θώρακα** *(Akk Sg von θώραξ):* Brustpanzer; **πίστεως:** *Gen Sg von πίστις;* **ἀγάπης:** *Gen Sg von ἀγάπη;* **περικεφαλαίαν** *(Akk Sg von περικεφάλαια):* Helm; *man beachte, dass Brustpanzer und Helm reine Verteidigungswaffen sind.* **ἐλπίδα** *(Akk Sg von ἐλπίς):* Hoffnung; **σωτηρίας** *(Gen Sg von σωτηρία):* Rettung, Erlösung.

Hinweis: Im Neuen Testament meint das Betrunken-Sein jegliches Leben <u>vor</u> Christus, im historischen wie im ontologischen Sinn: Eine Existenz ohne Christus ist ein Leben, das - wie ein Betrunkener - seine Ziele nie erreicht.

Woche 13: Das Wort - ein Zeichen

Heraklit B 93

῾Ο ἄναξ, οὗ τὸ μαντεῖόν ἐστι τὸ ἐν Δελφοῖς, οὔτε λέγει οὔτε κρύπτει, ἀλλὰ σημαίνει.

ἄναξ: Gebieter, Herr, Fürst *(Das Wort gehört zur Sprache des Epos und ist hier als Ehrentitel gemeint);* **οὗ** *(Gen Sg Neutr des Relativpronomens):* dessen; **μαντεῖον:** Ort der Weissagung, Orakelstätte; **Δελφοί:** Delphi *(Ort in Mittelgriechenland und Sitz des berühmten Apolloorakels);* **οὔτε...οὔτε:** weder...noch; **κρύπτει** *(3 Pers Sg Ind Dur Akt zu κρύπτω):* verstecken; **σημαίνει:** ein Zeichen geben[5].

Sinn: Wie der Gott in Delphi, der über das Leben verfügt, so kann auch der Philosoph, der über das Leben nachdenkt, nur in Andeutungen reden; der Hörer muss das Gesagte in einen grösseren Lebenszusammenhang einordnen und sich selbst in diesen Zusammenhang einfügen.

---

[5]vgl dazu M. Heidegger, Ueber den Humanismus, 1947, p. 70: "Sprache ist lichtend verbergende Ankunft des Seins selbst."

Matthäus 13, 13 + 9:

Διὰ τοῦτο ἐν παραβολαῖς αὐτοῖς λαλῶ, ὅτι βλέποντες οὐ βλέπουσιν καὶ ἀκούοντες οὐκ ἀκούουσιν οὐδὲ συνίουσιν· ὁ ἔχων ὦτα ἀκουέτω.

διὰ *(Präposition mit Akk)*: wegen; **τοῦτο**: *weist voraus auf das folgende ὅτι;* **παραβολαῖς** *(Dativ Pl von παραβολή)*: 1. Das Nebeneinanderstellen, 2. der Vergleich, 3. Gleichnis, Sinnbild *(das bei den Synoptikern immer auf das Reich Gottes hinweist)*. **αὐτοῖς**: *gemeint sind damit die Leute im Volk;* **λαλῶ** *(1 Pers Sg Ind Dur Akt von λαλέω)*: (prophetisch) reden; **βλέποντες**: *Nom Pl Mask des Part Dur Akt von βλέπω;* **βλέπουσιν**: *3 Pers Pl Ind Dur Akt;* **συνίουσιν**: *(3 Pers Pl Ind Dur Akt zu συνίημι)*: (geistig) zusammenbringen, verstehen; **ἔχων**: *Nom Sg Mask des Part Dur Akt von ἔχω;* **ὦτα** *(Nom/Akk Pl von τὸ οὖς)*: Ohr; **ἀκουέτω**: *3 Pers Sg Imp Dur Akt.*

Woche 14: Gott und Welt

Heraklit B 67:

᾽Ο θεὸς ἡμέρη εὐφρόνη, χειμὼν θέρος, πόλεμος εἰρήνη, κόρος λιμός· ἀλλοιοῦται δὲ, ὅκωσπερ πῦρ[6] , ὁκόταν συμμιγῇ θυώμασιν, ὀνομάζεται καθ᾽ ἡδονὴν ἑκάστου.

ὁ θεός: *der Artikel bezeichnet Gott individualisierend als eindeutige, fest bestimmte personale Grösse;* **ἡμέρη**: *ionisch für ἡμέρα;* **εὐφρόνη**: *eig.* 'die Gutgesinnte', *Euphemismus für* 'Nacht'; **χειμών**: Winter; **θέρος**: Sommer; **πόλεμος**: Krieg; **εἰρήνη**: Frieden; **κόρος**: Sättigung; **λιμός**: Hunger; **ἀλλοιοῦται** *(3 Pers Sg Ind Dur Med von ἀλλοιόω):* anders machen, verändern; *Med.:* sich verwandeln; (τὸ) **πῦρ**: Feuer; **ὁκόταν** *(ionisch für ὁπόταν):* wenn *(zeitlich);* **συμμιγῇ** *(3 Pers Sg Konj Aor II Pass zu συμμείγνυμι):* miteinander vermischen *(der Konjunktiv ist bedingt durch das ἄν in ὁκόταν und bezeichnet den Eventualis, § 53.1; der Aorist meint den Einzelfall);* **θυώμασιν** *(Dat Pl von τὸ θύωμα):* Räucherwerk *(mit - je nach Art - verschiedenem Duftstoff, wurde beim Opfer beim Verbrennen des Fleisches mitverbrannt, um den Gestank zu beseitigen);* **ὀνομάζεται** *(3 Pers Sg Ind Dur Pass von ὀνομάζω):* nennen; **καθ᾽** *(zu κατά; Präposition mit dem Akk):* gemäss, entsprechend; **ἡδονήν** *(Akk Sg von ἡδονή):* Lust, Vergnügen; *hier:* wohlriechender Duft; **ἑκάστου** *(Gen Sg Mask/Neutr von ἕκαστος):* jeder einzelne.

Sinn: Gott ist die (immer wieder übersehene) Grundlage des Lebens und gleichzeitig doch (temporär) in den Dingen mit einem Namen fassbar; andererseits unterscheidet er sich doch wieder von der Welt, indem er in ihr die schöpferischen Gegensätze des Lebens schafft und wirkt, deren Einheit die Menschen immer wieder zerstören. Das bedeutet: Gott ist nicht im Vereinzelten, sondern in der schöpferischen und versöhnenden Spannung der Gegensätze, durch die unser Dasein täglich und stündlich hindurchgeht: wir leben ihn und sterben ihn.

Die Konsequenzen: 1. Gott erklärt nichts (denn er ist immer wieder ein anderer), aber alles impliziert seine Wirklichkeit.
2. Gott kann überall thematisiert werden, denn das Wirken Gottes liegt allem Bestimmen voraus.
3. Ueber Gott etwas sagen heisst nicht, von einem neutralen Standpunkt aus eine Aussage machen, sondern bedeutet, sich selbst in der Gegenwart Gottes zu erkennen und dies als Wirken Gottes zu verstehen.

(I.U. Dalferth)

---

[6]Ergänzung nach Diels.

Paulus (Röm 1, 16-17):

Οὐ γὰρ ἐπαισχύνομαι τὸ εὐαγγέλιον, δύναμις γὰρ θεοῦ ἐστιν εἰς σωτηρίαν παντὶ τῷ πιστεύοντι, ᾿Ιουδαίῳ τε πρῶτον καὶ ῞Ελληνι· δικαιοσύνη γὰρ θεοῦ ἐν αὐτῷ ἀποκαλύπτεται ἐκ πίστεως εἰς πίστιν.

ἐπαισχύνομαι *(1 Pers Sg Ind Dur Med):* 1. *(griech)* sich schämen; 2. *(hebr)* in ein schlechtes Licht kommen, schlecht dastehen; τὸ εὐαγγέλιον: *Akk der Beziehung:* bezüglich...; δύναμις *(Nom Sg):* 1. Kraft, Macht; 2. wundervolle Tat; παντί *(Dat Sg Mask von* πᾶς*):* jeder; πιστεύοντι: *Dat Sg Mask des Part Dur Akt;* ᾿Ιουδαίῳ *(Dat Sg):* Jude; τε...καὶ: sowohl...als auch; πρῶτον: zuerst, zunächst; ῞Ελληνι *(Dat Sg):* Grieche; δικαιοσύνη *(Nom Sg):* Rechtfertigung, Freisprechung *(von Schuld);* θεοῦ: *ist von Paulus als genetivus subiectivus gemeint:* von Gott her; *doch kann in einem systematischen Sinne auch der genetivus obiectivus verstanden werden:* von Gott/Gottes *(die Artikellosigkeit meint Gott in seiner Eigenschaft als Gott, nicht so sehr als personale Grösse);* ἐν αὐτῷ: in ihm *(d.h. im Evangelium);* ἀποκαλύπτεται *(3 Pers Sg Ind Dur Med zu* ἀποκαλύπτω*):* enthüllen *(das Medium ist reflexiv oder als Passiv gemeint);* πίστεως/πίστιν *(Gen Sg/Akk Sg):* Glaube; *die Wendung* ἐκ πίστεως εἰς πίστιν *will besagen: wir haben den Glauben nur aus dem Evangelium und das Evangelium nur aus dem Glauben.*

Woche 15: Die Entscheidung

Heraklit B 53:

Πόλεμος πάντων μὲν πατήρ[7] ἐστι, πάντων δὲ βασιλεύς[8], καὶ τοὺς μὲν θεοὺς ἔδειξε τοὺς δὲ ἀνθρώπους, τοὺς μὲν δούλους ἐποίησε τοὺς δὲ ἐλευθέρους.

πόλεμος: Krieg; **βασιλεύς**: König; **τοὺς μὲν...τοὺς δὲ** *(Akk Pl Mask)*: die einen...die anderen; **ἔδειξε** *(3 Pers Sg Ind Aor Akt zu δείκνυμι)*: zeigen, zum Vorschein bringen, machen zu; **δούλους** *(Akk Pl von δοῦλος)*: Sklave; **ἐποίησεν** *(3 Pers Sg Ind Aor Akt von ποιέω)*: machen, tun; **ἐλευθέρους** *(Akk Pl von ἐλεύθερος)*: frei.

Sinn: Mit 'Krieg' charakterisiert Heraklit die Beziehung der Gegensätze untereinander; die Spannung der Gegensätze ist auch eine schöpferische und gehört so zum Leben.

---

[7]Absetzung von der üblichen griechischen Vorstellung Ζεὺς πατὴρ ἀνδρῶν τε θεῶν τε (Homer, Ilias I 544; Hesiod, Theogonie 47).

[8]Absetzung von der üblichen griechischen Anschauung νόμος πάντων βασιλεύς (Pindar, frg 152 Bowra).

Matthäus 10, 34-36:

Μὴ νομίσητε ὅτι ἦλθον βαλεῖν εἰρήνην ἐπὶ τὴν γῆν· οὐκ ἦλθον βαλεῖν εἰρήνην, ἀλλὰ μάχαιραν. ἦλθον γὰρ διχάσαι ἄνθρωπον κατὰ τοῦ πατρὸς αὐτοῦ καὶ θυγατέρα κατὰ τῆς μητρὸς αὐτῆς καὶ νύμφην κατὰ τῆς πενθερᾶς αὐτῆς, καὶ ἐχθροὶ τοῦ ἀνθρώπου οἱ οἰκιακοὶ αὐτοῦ.

βαλεῖν *(Inf Aor II Akt zu* βάλλω*):* werfen, (hinein)bringen *(der Aorist bezeichnet den endgültigen Vollzug);* **γῆν** *(Akk Sg von* γῆ*):* die Erde; **μάχαιραν** *(Akk Sg von* μάχαιρα*):* Messer, Dolch, (kurzes) Schwert *(das im Gewand versteckt getragen werden kann);* **διχάσαι** *(Inf Aor von* διχάζω*):* trennen, teilen, entzweien; **ἄνθρωπον**: *Akk Sg;* **κατὰ** *(Präposition mit Genetiv):* von...herunter, gegen *(herabmindernd, feindlich);* **θυγατέρα**: *Akk Sg von* θυγατήρ: Tochter; **μητρός** *(Gen Sg von* μήτηρ*):* Mutter; **αὐτῆς** *(Gen Sg Fem des Personalpronomens der dritten Person):* von ihr, 'ihr'; **νύμφην** *(Akk Sg):* Braut, Schwiegertochter; **πενθερᾶς** *(Gen Sg):* Schwiegermutter; **ἀνθρώπου**: *Gen Sg;* **οἰκιακοί** *(Nom Pl):* Hausgenosse.

Woche 16: Anfang und Ende

Heraklit B 103:
Ξυνὸν γὰρ ἀρχὴ καὶ πέρας ἐπὶ κύκλου περιφερείας.

ξυνόν *(ionisch für* κοινόν; *Nom Sg Neutr):* gemeinsam *(das Neutrum steht, weil nicht so sehr eine Eigenschaft, sondern eine Funktion ausgesagt wird);* ἀρχή *(Nom Sg Fem):* Anfang; πέρας *(Nom Sg Neutr):* Grenze, Ende; ἐπί *(Präposition mit Genetiv):* oben...auf; κύκλου *(Gen Sg):* Kreis; περιφερείας *(Gen Sg):* Umlauf.

Sinn: Im Leben wirken Anfang und Ende ständig zusammen: jedes Ende enthält in sich einen Anfang und jeder Anfang in sich ein Ende (anders in der Welt des Anorganischen). Da die Menschen immer nur das eine von beidem sehen, töten sie.

Johannes (Apk 22,13):

᾿Εγὼ τὸ ῎Αλφα καὶ τὸ ῏Ω , ὁ πρῶτος καὶ ὁ ἔσχατος, ἡ ἀρχὴ καὶ τὸ τέλος.

πρῶτος: erster; ἔσχατος: letzter; τέλος: Ende, Ziel *(die Artikel bezeichnen jeweils die vollständige Identität des Subjektes mit dem Prädikat, § 42,3.2).*

Woche 17: Ein für allemal

Heraklit B 49:

Εἷς ἐμοὶ μύριοι, ἐὰν ἄριστος ᾖ.

εἷς: ein einziger; μύριοι: zehntausend; ἐάν: wenn *(konditional)*; ἄριστος: bester *(im Sinne Heraklits derjenige, der Einsicht hat in das ξυνόν, vgl Woche 1 und 2)*; ᾖ *(3 Pers Sg Konj Dur Akt von εἰμὶ)*: sein *(der Konjunktiv ist bedingt durch das ἂν in ἐάν und bezeichnet den Eventualis, § 53.1)*.

Sinn: Wir müssen das Leben qualitativ, nicht quantitativ denken, wenn wir es nicht verlieren, ja sogar vernichten wollen.

An die Hebräer 7, 26-27:

Τοιοῦτος γὰρ ἡμῖν <ἐστιν> καὶ ἔπρεπεν ἀρχιερεύς, ὃς οὐκ ἔχει καθ' ἡμέραν
ἀνάγκην, ὥσπερ οἱ ἀρχιερεῖς, πρότερον ὑπὲρ τῶν ἰδίων ἁμαρτιῶν θυσίας ἀναφέρειν,
ἔπειτα τῶν τοῦ λαοῦ· τοῦτο γὰρ ἐποίησεν ἐφάπαξ ἑαυτὸν ἀνενέγκας.

τοιοῦτος: ein solcher; **ἔπρεπεν** *(3 Pers Sg Ind Impf Akt von* **πρέπει**)*: es gebührt
sich, ziemt sich, schickt sich, ist angemessen *(das Verb weist in die Sphäre
des Heldischen und wird gerne von den Göttern/von Gott ausgesagt);* **ἀρχιερεύς**: Hoheprie-
ster; **ὅς** *(Nom Mask Sg des Relativpronomens):* welcher; **ἔχει** *(3 Pers Sg Ind Dur Akt von*
ἔχω)*: haben; **καθ' ἡμέραν**: Tag für Tag; **ἀνάγκην** *(Akk Sg):* der harte
Zwang (dieser Welt); **οἱ ἀρχιερεῖς**: *Nom Pl;* **πρότερον**: früher; vorher,
zunächst *(im Gegensatz zum folgenden* **ἔπειτα**)*;* **ἰδίων**: *ist hier durch die Stellung zwischen
Artikel und Substantiv betont;* **ἁμαρτιῶν** *(Gen Pl von* **ἁμαρτία**)*:* Fehler, Vergehen;
θυσίας *(Akk Pl von* **θυσία**)*:* Opfer(gabe); **ἀναφέρειν** *(Inf Dur Akt):* hinauftragen
*(Das Durativ bezeichnet die ständige Wiederholung; das Verb ist ganz wörtlich zu verstehen: im
Herodianischen Tempel war der Alter ein Würfel von 25 m^2 Grundfläche und einer Höhe von 7,5 m, so
dass das Opfergut mittels einer Rampe auf den Altar gebracht werden musste.)* **ἔπειτα**: hier-
auf, danach; **λαοῦ** *(Gen Sg von* **λαός**)*:* Volk; **ἐποίησεν** *(3 Pers Sg Ind Aor Akt von*
ποιέω)*:* machen, tun *(der Aorist bezeichnet die Einmaligkeit des Geschehens);* **ἐφάπαξ**:
ein für allemal; **ἑαυτόν** *(Akk Sg Mask des Reflexivpronomens der dritten Person):*
sich selbst; **ἀνενέγκας**: *Nom Sg Mask des Part aoristus mixtus, § 25.4, zu* **ἀναφέρειν**.

Bemerkung: Der Verfasser des Textes ist hier in einem doppelten Sinn
historisch unkorrekt: einerseits hatte Jesus von Nazareth mit dem Kult
in Jerusalem nichts zu tun, ja stand ihm eher kritisch gegenüber;
andererseits trifft die geschilderte Kultordnung nicht zu: die Sühnung
zuerst der eigenen, dann der Vergehen des Volkes geschah durch den
Hohepriester nicht täglich, sondern nur einmal im Jahr, nämlich am
Versöhnungstag (Lev 16,1-6.11.15); für den Hohepriester wurde zwar
täglich ein Speiseopfer dargebracht (Ex 29, 38-42; Lev 6,20-23), aber
nur ausnahmsweise von ihm selbst vollzogen. Eine historische Korrekt-
heit ist aber auch nicht beabsichtigt, denn diese würde die alte
Kultordnung nur bestätigen. Vielmehr stellt der Verfasser die alte
Kultordnung dar im Hinblick auf die neue, die rein geistig zu verstehen
ist, und zwar unter dem Gesichtspunkt des καθ' ἡμέραν - ἐφάπαξ; vgl dazu
nun Heraklit.

Woche 18: Tagtraum und Nachttraum

Heraklit B 21:

Θάνατός ἐστιν ὁκόσα ἐγερθέντες ὁρέομεν, ὁκόσα δὲ εὕδοντες ὕπαρ[9].

θάνατος: das Sterben, der Tod; **ὁκόσα** *(Akk Pl Neutr):* wieviel; **ἐγερθέντες** *(Nom Pl Mask des Part Aor Pass zu ἐγείρω):* (auf)wecken; *Pass:* aufwachen, erwachen *(Der Aorist meint das abgeschlossene Ereignis);* **ὁρέομεν** *(ionisch für ὁράομεν):* wir sehen; **εὕδοντες** *(Nom Pl Mask des Part Dur Akt von εὕδω):* schlafen; **ὕπαρ** *(Akk Sg Neutrum):* das, was unten (ὑπό) die Dinge zusammenhält (ἀρ), = 1. der wirkliche Kern *im Gegensatz zu dem darüber Befindlichen:* die Wirklichkeit; 2. der wahre Traum *(im Gegensatz zu τὸ ὄναρ = der trügerische Traum);* 3. der Traum im Wachen: die Vision der Realität.

Sinn: Beim Schlafen geht die Sicht auf den Tod verloren; wir sehen, dass uns am Tag eine Wirklichkeit getragen hat, die uns aber verborgen war.

Gedankenstruktur:

Diskontinuität: 1. θάνατος -------- ὕπαρ

                    2. ἐγερθέντες------- εὕδοντες

Kontinuität: 1. ὁρέομεν

                    2. ὁκόσα

Wichtig: Gegensätze können nur dann zusammenwirken und sind nur dann als solche erkennbar, wenn sie sich auf eine gemeinsame Basis, das Continuum, beziehen.

---

[9]Konjektur von Marcovich; überliefert ist ὕπνος.

Paulus (1 Kor, 15,44)

Σπείρεται σῶμα ψυχικόν, ἐγείρεται σῶμα πνευματικόν. εἰ ἔστιν σῶμα ψυχικόν, ἔστιν καὶ πνευματικόν.

σπείρεται *(3 Pers Sg Ind Dur Pass von σπείρω):* säen; **σῶμα** *(Nom Sg Neutr):* 1. Leib *(als unversehrtes Ganzes);* 2. Person *(als unteilbares Objekt der Betrachtung);* 3. Organismus *(als einheitliches Ganzes);* **ψυχικόν:** zur Seele gehörig, 'seelisch', d.h (nur) auf das eigene Leben bezogen; **πνευματικόν:** zum göttlichen Geist gehörig, 'geistig', d.h. auf Gott bezogen; **εἰ:** wenn; **ἔστιν** *(betont):* es gibt.

Sinn: Im Tod geht zu Ende der Bezug des Menschen nur auf sich selbst; er sieht, dass auf das göttliche πνεῦμα alles ankam, auch im Leben.

Gedankenstruktur:

Diskontinuität: 1. ψυχικόν............πνευματικόν
                  2. σπείρεται...........ἐγείρεται

Kontinuität: 1. σῶμα
                  2. das Passiv der Verben (mit Gott als logischem Subjekt, *sog passivum divinum § 49.3*)

Wichtig: Tod und Leben gehören untrennbar zusammen; die Logik des Gedankenkreises ist identisch mit demjenigen des Weltprozesses.

Woche 19: Tod und Leben

Heraklit B 62:

’ Ἀθάνατοι θνητοί, θνητοὶ ἀθάνατοι, ζῶντες τὸν ἐκείνων θάνατον, τὸν δὲ ἐκείνων βίον τεθνεῶτες.

ἀθάνατοι *(Nom Pl Mask):* unsterblich; θνητοί: sterblich; ἀθάνατοι θνητοί: *Nominalsatz:* Unsterbliche <sind> *oder* <werden> Sterbliche; ζῶντες *(Nom Pl Mask des Part Dur Akt von ζάω):* das Leben haben, leben; ἐκείνων *Gen Pl Mask von ἐκεῖνος):* jener; βίον *(Akk Sg):* Leben (*im Sinne der Lebensgestaltung);* τεθνεῶτες *(Nom Pl Mask des Part Perf Akt von τεθνάναι):* tot sein. *Die Partizipien sind wohl modal ('indem...') oder kausal ('weil...') zu verstehen.*

Markus 8,35:

Ὃς γὰρ ἐὰν θέλῃ τὴν ψυχὴν αὐτοῦ σῶσαι, ἀπολέσει αὐτήν· ὃς δ᾽ ἂν ἀπολέσει τὴν ψυχὴν αὐτοῦ, σώσει αὐτήν.

ἐὰν: *bezeichnet hier mit dem Konjunktiv den Iterativ, d.h. verallgemeinert das Relativpronomen:* jeder, der...; **θέλῃ** *(3 Pers Sg Konj Dur Akt von θέλω):* wollen, gewillt sein; **ψυχήν** *(Akk Sg):* Seele, (physisches) Leben; **σῶσαι** *(Inf Aor Akt von σῴζω):* retten, bewahren *(der Aorist bezeichnet hier die Handlung an sich);* **ἀπολέσει** *(3 Pers Sg Ind Fut Akt von ἀπόλλυμι):* vernichten, verlieren; **σώσει**: *3 Pers Sg Ind Fut Akt von σῴζω.*

Sinn: Nur wer Ja sagt zu seiner Begrenztheit, kann das eigentliche Leben finden, das offen ist für Gott und den Nächsten.

Woche 20: Das grössere Geschick

Heraklit B 25:

Μόροι γὰρ μέζονες μέζονας μοίρας λαγχάνουσι.

μόροι *(Nom Pl):* 1. Los, Schicksal; 2. Todeslos, Tod; **μέζονες** *(ionisch für μείζονες; Nom Pl Mask von μείζων):* grösser, bedeutender; **μέζονας:** *Akk Pl Fem;* **μοίρας** *(Akk Pl von μοῖρα):* 1. *das Zugeteilte:* Anteil, Teil; 2. Lebensanteil, Schicksal; 3. *das, was einem gebührt:* Wertschätzung, Respekt; **λαγχάνουσι** *(3 Pers Pl Ind Dur Akt von λαγχάνω):* zufällig erhalten.

Johannes 14,12:

᾿ Ἀμὴν ἀμὴν λέγω ὑμῖν, ὁ πιστεύων εἰς ἐμὲ τὰ ἔργα, ἃ ἐγὼ ποιῶ, κἀκεῖνος ποιήσει, καὶ μείζονα τούτων ποιήσει, ὅτι ἐγὼ πρὸς τὸν πατέρα πορεύομαι.

ἐμὲ *(Akk Sg des Personalpronomens der ersten Person):* mich; ἔργα *(Akk Pl Neutr von ἔργον):* Werk; ἃ: *Akk Pl Neutr des Relativpronomens;* ἐγώ: *ist hier betont;* ποιῶ *(1 Pers Sg Ind Dur Akt von ποιέω):* machen, tun; κἀκεῖνος: *Zusammenschreibung (Krasis) von* καὶ *und* ἐκεῖνος; ποιήσει: *3 Pers Sg Ind Fut Akt;* τούτων *(Gen Pl Neutr von* οὗτος*):* dieser *(der Genetiv bezeichnet hier den Vergleichspunkt);* πρὸς *(Präposition mit Akk):* zu..hin; πατέρα: *Akk Sg;* πορεύομαι: reisen, wandern, gehen *(in einer bestimmten Richtung oder Absicht).*

Sinn: Jesu freiwilliger Tod macht die Taten der Jünger noch bedeutender als diejenigen von Jesus selber.

Woche 21: Das, was bleibt

Heraklit B 29:

Αἱρεῦνται γὰρ ἓν ἀντὶ ἁπάντων οἱ ἄριστοι, κλέος ἀέναον θνητῶν· οἱ δὲ πολλοὶ κεκόρηνται ὅκωσπερ κτήνεα.

αἱρεῦνται *(ionisch für αἱροῦνται; 3 Pers Pl Ind Dur Med von αἱρέομαι):* für sich wählen, vorziehen; **ἀντί** *(Präpositon mit Gen):* anstelle von, anstatt; **ἁπάντων** = *πάντων*; **κλέος** *(Akk Sg Neutr):* guter Ruf, Ruhm, Ehre *(Wort der epischen Sprache);* **ἀέναον** *(Akk Sg):* ständig fliessend, immerwährend *(Wort der epischen Sprache; auch hier verlangt Heraklit, einen alten Ausdruck in einem tieferen Sinn neu zu verstehen: gemeint ist nicht mehr der Heldenruhm, sondern die Welt der Werte);* **θνητῶν** *(Gen Pl Neutr):* vor dem Wort ist noch einmal *<ἀντὶ>* zu setzen; **κεκόρηνται** *(3 Pers Pl Ind Perf Med zu κορέννυμι):* jem. sättigen; *Med:* sich sättigen, *Perf:* satt sein. **κτήνεα** *(Nom Pl Neutr zu κτῆνος):* Besitz; *Pl:* Haustiere, *(zahmes)* Vieh *(im Haus, das im Gegensatz zum wilden Tier nicht mehr auf eigene Nahrungssuche geht).*

Matthäus 6,19-21:

Μὴ θησαυρίζετε ὑμῖν θησαυροὺς ἐπὶ τῆς γῆς, ὅπου σὴς καὶ βρῶσις ἀφανίζει, καὶ ὅπου κλέπται διορύσσουσιν καὶ κλέπτουσιν· θησαυρίζετε δὲ ὑμῖν θησαυροὺς ἐν οὐρανῷ, ὅπου οὔτε σὴς οὔτε βρῶσις ἀφανίζει, καὶ ὅπου κλέπται οὐ διορύσσουσιν οὐδὲ κλέπτουσιν· ὅπου γάρ ἐστιν ὁ θησαυρός σου, ἐκεῖ ἔσται καὶ ἡ καρδία σου.

θησαυρίζετε *(2 Pers Pl Imp Dur Akt):* Schätze sammeln; **θησαυροὺς** *(Akk Pl):* Schatz *(gemeint sind materielle Güter jeglicher Art);* **ἐπὶ** *(Präpositon mit Genetiv):* oben... an, oben...auf *(so dass es alle sehen können);* **γῆς** *(Gen Sg von γῆ):* Erde; **ὅπου** *(verallgemeinerndes Relativpronomen):* wo auch immer, wo überall; (ἡ) **σὴς:** die Motte; (ἡ) **βρῶσις:** das Fressen; **ἀφανίζει** *(3. Pers Sg Ind Dur Akt):* unsichtbar machen, zum Verschwinden bringen; unansehnlich machen, entstellen; **κλέπται** *(Nom Pl von κλέπτης):* Dieb; **διορύσσουσιν** *(3 Pers Pl Ind Dur Akt):* hindurchgraben, einbrechen; **οὐρανῷ:** Dat Sg; **σου** *(Gen Sg des Personalpronomens der zweiten Person):* von dir, 'dein'; **ἐκεῖ:** dort; **ἔσται** *(3 Pers Sg Ind Fut Med von εἰμί; Medium = Aktiv, § 49.5):* er/sie/es wird sein *(Das Futur bezeichnet die absolute Gewissheit der Aussage);* **καρδία** *(Nom Sg):* Herz *(d.h. nach jüdischem Verständnis der ganze Mensch mit seinem Verstand und seinem Willen).*

Hinweis: Die Aufforderung zum Sammeln himmlischer Schätze (d.h. den Willen Gottes tun so, wie er in der Thora festgelegt ist) ist durchaus dem Judentum geläufig; aber spezifisch jesuanisch ist die strikte Entgegensetzung von irdischen und himmlischen Schätzen. Nach jüdischer Auffassung sind irdische und himmlische Schätze miteinander vereinbar.

Woche 22: Der Sinn der Welt

Heraklit B 101:

' Εδιζησάμην ἐμεωυτόν.

ἐδιζησάμην *(1 Pers Sg Ind Aor I Med von* δίζημαι, *Deponens):* 1. aufsuchen, erstreben; 2. erforschen, untersuchen. **ἐμεωυτόν** *(ionisch für* ἐμαυτόν, *Akk Sg des Reflexivpronomens der ersten Person):* mich selbst.

Sinn: 1. Das Weltgesetz, d.h. die Einheit der Gegensätze, liegt dem Ich ebenso wie dem Kosmos zugrunde und verbindet sie.
2. Das Ich ist Subjekt **und** Objekt der Erkenntnis, das Wesen der Dinge wird durch Selbsterkenntis zugänglich.
3. Beim Erkennen des Lebendigen gibt es nicht nicht den neutralen Beobachter, sondern nur den unmittelbar Beteiligten.

Matthäus 5,13 + 14:

Ὑμεῖς ἐστε τὸ ἅλας τῆς γῆς. Ὑμεῖς ἐστε τὸ φῶς τοῦ κόσμου.

ὑμεῖς: *Subjekt (betont!);* **τὸ ἅλας:** das Salz *(der Artikel bezeichnet die totale Identität von Subjekt und Prädikat, § 42, 3.2).*

Hinweis: 'Die Welt, wie sie ist, ist weder nichtig noch wertentblösst. In ihr steht überall Wertvolles und Wertwidriges dicht beieinander. Sie ist eben nicht eine wertgegründete und wertgetragene Welt, die Seinsordnung in ihr ist keine Wertordnung, sie ist eine unvollkommene Welt. Aber gerade dadurch ist in der Welt, wie sie ist, für Sinn-erfüllung gesorgt, dass   n i c h t   für sie gesorgt ist - nämlich nicht von 'oben her', nicht der Seinsordnung nach und nicht im ganzen der Welt. Denn nur so kann die Sinnerfüllung in der Welt auf der Sinngebung durch den Menschen beruhen, indem er der Welt den Sinn gibt, den sie ohne ihn nicht hat und er dadurch aus ihr die Sinnerfüllung empfängt, die er sich ohne dieses sein Werk an ihr nicht zu geben vermag.'
(Nicolai Hartmann, aus: Sinngebung und Sinnerfüllung)

Woche 23: Die Macht des Schicksals

Heraklit B 52:
Αἰὼν παῖς ἐστι παίζων, πεσσεύων· παιδὸς ἡ βασιληίη.

αἰών: 1. *(relative Zeit, die jem zukommt):* Lebenszeit, Generation; 2. *die bestimmende Macht (positiv oder negativ) über dem Leben, über die der Mensch nicht verfügen kann:* Lebenslos, Lebensschicksal, 'Ewigkeit'; παῖς: Kind, Knabe; παίζων *(Nom Sg Mask des Part Dur Akt zu παίζω):* spielen; πεσσεύω: ein Brettspiel spielen; παιδός: *Gen Sg;* βασιληίη: *ionische Form von* βασιλεία: Königreich.

Sinn: Der Mensch beruft sich ständig auf ein übermächtiges Schicksal; er lässt sich lenken von Traditionen, Weltanschauungen, Sachzwängen, Trends, Dogmen, Ideologien u.a.m. Der Denker zeigt, dass dies unhaltbar ist (Das Spiel des Kindes ist Metapher für eine völlig zwecklose Tätigkeit): Es gibt keinen Punkt ausserhalb der Welt, von dem der Weltprozess gesteuert wird, der Weltprozess selber ist richtungslos. Der Mensch ist nicht ein Gelenkter, sondern ein Beschenkter, auf dass er "verstehe die Freiheit, aufzubrechen, wohin er will". (Hölderlin, Lebenslauf).

Zur Metapher vom Brettspiel vgl. Arrigo Boito in einem Brief von 1892 an Giuseppe Verdi: "Sie besitzen das Geheimnis der richtigen Note im richtigen Augenblick, und das ist das grosse Geheimnis der Kunst und des Lebens." Das bedeutet: Wie ich in jedem Brettspiel den richtigen Zug im richtigen Augenblick tun muss, so muss ich im Leben im richtigen Augenblick das Richtige tun. So ist in meinem Schicksal Gegebenes und Aufgegebenes an jedem Punkt unauflöslich miteinander verbunden. *(Das Fragment 52 ist eines der grossen Vermächtnisse an die Menschheit)*

Paulus (1 Kor 6,12):

Πάντα μοι ἔξεστιν, ἀλλ᾽ οὐ πάντα συμφέρει. πάντα μοι ἔξεστιν, ἀλλ᾽ οὐκ ἐγὼ ἐξουσιασθήσομαι ὑπό τινος.

ἔξεστιν: es ist erlaubt *(weil es von aussen her keine Einschränkungen gibt);* συμφέρει: es nützt *(für die Gemeinschaft);* ἐξουσιασθήσομαι *(1 Pers Sg Fut Pass von ἐξουσιάζω):* die Möglichkeit/das Recht/die Macht haben, Pass: sich beherrschen lassen von; τινος *(Gen Sg von τις):* irgendeiner *(§ 17.3.2)*

Hinweis: 1. Das πάντα ἔξεστιν ist zunächst eine Antwort auf die Frage τί ἔξεστιν; Sie fragt nach dem Raum, wo der Wille Gottes nicht gilt. Die Welt wird so dualistisch gespalten in einen Bereich Gottes und einen Bereich des Menschen ausserhalb von Gott. Dieser Freiheitsbegriff ist Kennzeichen jeder Religion und lebt säkular weiter im Liberalismus (die Grenze meiner Freiheit liegt dort, wo die Freiheit des anderen beginnt) und im profanen Alltag (insofern kein Gesetz diesen ganz erfassen kann). Nachteil: Der freie Raum wird nicht gestaltet, er bleibt inhaltsleer. Der Einzelne bleibt nur negativ definiert.
2. Mit dem πάντα ἔξεστιν verschiebt Paulus die Grenze ins Unendliche. Dieser Freiheitsbegriff ist der heute dominierende, insofern der Mensch mittels der Technik, der Zivilisation und der Wirtschaft versucht, die natürlichen Grenzen ständig nach aussen zu verschieben. Nachteil: Die Verschiebung ist in sich unwahr und daher zum Scheitern verurteilt, weil der Mensch sich doch ständig wieder neue Grenzen schaffen muss: Denn da kein externer Wille mehr da ist, bleibt dem Menschen nur wieder Gestaltungslosigkeit und Inhaltsleere; jeder steht schliesslich jedem im Wege (daher das energische οὐκ ἐγὼ ἐξουσιασθήσομαι des Paulus); um dem zu entgehen, muss der Mensch wieder Grenzen schaffen, die aber - weil willkürlich - nicht akzeptiert werden.
3. Mit dem οὐ πάντα συμφέρει schränkt Paulus das πάντα ἔξεστιν nicht ein, sondern füllt es gerade mit dem nötigen Inhalt: das συμφέρει beinhaltet die Beziehung zum Nächsten. Der christliche Glaube ersetzt die Substanz der Grenze durch die Substanz der Beziehung. (W. Mostert)
→ Woche 8: In der Beziehung zum Nächsten wird die Liebe zu Gott sichtbar. So wird die Grenze zwischen Mensch und Mensch, aber auch zwischen Gott und Mensch aufgehoben. Dies zeigt: Leben bedeutet wesentlich Beziehungen setzen.

Woche 24: Zwei Wege

Heraklit B 60:

᾿Οδὸς ἄνω κάτω μία καὶ ὠυτή.

ὁδός *(Fem):* Weg; ἄνω - κάτω: hinauf - hinunter; μία *(Nom Sg Fem von* εἷς*):* ein einziger, nur einer; ὠυτή: *ionisch für* αὐτή = ἡ αὐτή.

Hinweis: Das Fragment ist (auch) ganz konkret zu verstehen; bei einem Bergpfad sind das Hinauf und Hinab ganz augenscheinlich anwesend. Der Weg ist gegeben; aber zu was ich ihn mache, liegt allein bei mir.

Paulus (1 Kor 15, 21-22):

Ἐπειδὴ γὰρ δι' ἀνθρώπου θάνατος, καὶ δι' ἀνθρώπου ἀνάστασις νεκρῶν· ὥσπερ γὰρ ἐν τῷ ' Αδὰμ πάντες ἀποθνήσκουσιν, οὕτως καὶ ἐν τῷ Χριστῷ πάντες ζῳοποιηθή-σονται.

ἐπειδή: weil nämlich *(im logischen Sinn: angenommen, dass);* δι' *(= διὰ + Gen):* ver-mittelt durch; ἀνθρώπου: *da der Artikel fehlt, ist hier der Mensch als Gattung gemeint;* ἀνάστασις: Auferstehung; νεκρῶν *(Gen Pl von νεκρός):* tot; ἐν τῷ ' Αδὰμ: in Abhängigkeit von Adam; ἀποθνήσκουσιν *(3 Pers Pl Ind Präs Akt von ἀποθνή-σκω):* sterben; ζῳοποιηθήσονται *(3 Pers Pl Ind Fut Pass von ζῳοποιέω):* lebendig machen.

Woche 25: Die Sorge für die Seele

Platon, Apologie 30a 7 - b 1:

Sokrates spricht: οὐδὲν γὰρ ἄλλο πράττων ἐγὼ περιέρχομαι ἢ πείθων ὑμῶν καὶ νεωτέρους καὶ πρεσβυτέρους μήτε σωμάτων ἐπιμελεῖσθαι μήτε χρημάτων πρότερον μηδὲ οὕτω σφόδρα ὡς τῆς ψυχῆς, ὅπως ὡς ἀρίστη ἔσται.

οὐδέν: nichts; ἄλλο *(Akk Sg Neutr)*: ein anderes; πράττων *(Nom Sg Mask des Part Dur Akt von πράττω)*: tun, treiben; περιέρχομαι: herumgehen *(bei den Leuten)*; ἢ: als *(bezieht sich auf οὐδὲν ἄλλο)*; πείθων *(Nom Sg Mask des Part Dur Akt)*: zureden, überreden, überzeugen; νεωτέρους *(Akk Pl Mask des Komparativs von νέος)*: die Jungen; πρεσβυτέρους *(Akk Pl Mask des Komparativs von πρέσβυς)*: die Alten; μήτε - μήτε: weder - noch; σωμάτων *(Gen Pl von σῶμα; der Gen ist abhängig von ἐπιμελεῖσθαι)*: Leib, Person; ἐπιμελεῖσθαι *(Inf Dur Med-Pass)*: Sorge tragen für, sich kümmern um *(griechisch mit Genetiv)*; χρημάτων *(zu χρῆμα)*: Gebrauchsgegenstand, *Pl:* Güter, Geld, Vermögen; πρότερον: früher, eher; μηδὲ: auch nicht; οὕτω = οὕτως; σφόδρα: heftig, ungestüm, sehr, eifrig; ψυχῆς *(Gen Sg, abhängig von ἐπιμελεῖσθαι)*: Seele *(als Gesamtbezeichnung für das Denken, Wollen und Fühlen des Menschen und als Inbegriff des Individuellen, das unabhängig ist von der äusseren Umwelt)*; ὅπως *(Konjunktion mit Futur)*: dass *(begehrend)*; ὡς ἀρίστη *(Superlativ von ἀγαθός)*: so gut wie möglich.

54

Markus 8, 36:

Τί γὰρ ὠφελεῖ ἄνθρωπον κερδῆσαι τὸν κόσμον ὅλον καὶ ζημιωθῆναι τὴν ψυχὴν αὐτοῦ;

τί: was? ὠφελεῖ *(3 Pers Sg Ind Dur Akt von ὠφελέω; verbunden mit Akk):* jemandem nützen; κερδῆσαι *(Inf Aor Akt zu κερδαίνω):* als Gewinn verbuchen, gewinnen *(der Aorist meint die Tätigkeit an sich);* κόσμον: Welt, d.h. alles, was die Menschen auf dieser Welt besitzen können; ζημιωθῆναι *(Inf Aor Pass von ζημιόω):* jem einen Verlust zufügen *(Gegenbegriff zu κερδαίνω),* Pass: einen Verlust er- leiden, verlieren; ψυχήν: das (physische) Leben, in dem sich zugleich die Person des Menschen einprägt.

Woche 26: Rein und Unrein

Platon, Apologie 30b 1-3:

Sokrates spricht: οὐκ ἐκ χρημάτων ἀρετὴ γίγνεται, ἀλλ' ἐξ ἀρετῆς χρήματα καὶ τὰ ἄλλα ἀγαθὰ τοῖς ἀνθρώποις ἅπαντα καὶ ἰδίᾳ καὶ δημοσίᾳ.

ἀρετή: (sittliche) Vorzüglichkeit, Trefflichkeit, Tüchtigkeit; das Gut-Sein, Tugend; γίγνεται *(3 Pers Sg Ind Dur Med von* γίγνομαι*)*: werden, entstehen; τὰ ἄλλα ἀγαθά: *Neutr Pl;* τοῖς ἀνθρώποις: *Dat Pl;* ἅπαντα: *Neutr Pl von* ἅπας = πᾶς καὶ - καὶ: sowohl - als auch; ἰδίᾳ - δημοσίᾳ: zu Hause - in der Oeffentlichkeit.

Markus 7, 15:

Οὐδέν ἐστιν ἔξωθεν τοῦ ἀνθρώπου εἰσπορευόμενον εἰς αὐτόν, ὃ δύναται κοινῶσαι αὐτόν· ἀλλὰ τὰ ἐκ τοῦ ἀνθρώπου ἐκπορευόμενά ἐστιν τὰ κοινοῦντα τὸν ἄνθρωπον.

ἔξωθεν *(Praeposition mit Genetiv):* von ausserhalb von...; **εἰσπορευόμενον**: *Nom Neutr Sg des Part Dur Med von εἰσ-πορεύομαι;* **ὃ**: *Nom Sg Neutr des Relativpronomens;* **κοινῶσαι** *(Inf Aor Kat von κοινόω):* gemein machen, profanieren, verunreinigen *(der Aorist bezeichnet die Handlung an sich);* **ἐστιν**: *Ist das Subjekt ein Neutrum Plural, so steht dennoch das Prädikat im Singular, wenn das Subjekt als Kollektiv verstanden wird, § 44.1;* **τὰ κοινοῦντα** *(Nom Pl Neutr des Part Dur Akt): Prädikatsnomen; der Artikel bezeichnet die völlige Identität zwischen Subjekt und Prädikat, § 42, 3.2.*

Woche 27: Das Versinken der Welt

Platon, Symposion 220c:

Συννοήσας αὐτόθι ἕωθέν τι εἱστήκει σκοπῶν, καὶ ἐπειδὴ οὐ προὐχώρει αὐτῷ, οὐκ ἀνίει, ἀλλὰ εἱστήκει ζητῶν. καὶ ἤδη ἦν μεσημβρία, καὶ ἄνθρωποι ᾐσθάνοντο, καὶ θαυμάζοντες ἄλλος ἄλλῳ ἔλεγεν, ὅτι Σωκράτης ἐξ ἑωθινοῦ φροντίζων τι ἕστηκε. ὁ δὲ εἱστήκει, μέχρι ἕως ἐγένετο καὶ ἥλιος ἀνέσχεν· ἔπειτα ᾤχετ᾽ ἀπιὼν προσευξάμενος τῷ ἡλίῳ.

συννοήσας *(Nom Sg Mask des Part Aor Akt von συννοέω):* nachdenken, erwägen; **αὐτόθι:** am selben Ort, an derselben Stelle; **ἕωθεν:** vom frühen Morgen an; **τι** *(Akk Sg Neutr des Indefinitpronomens, § 17.3.2):* (irgend) etwas; **εἱστήκει** *(3 Pers Sg Plqpf Akt von ἕστηκα, § 37):* er stand (andauernd) *(das Plqpf vertritt hier das Imperfekt);* **σκοπῶν** *(Nom Sg Mask des Part Dur Akt von skope/w):* umherschauen, betrachten, überlegen; **ἐπειδὴ:** da nun einmal; **προὐχώρει** *(< προ-εχώρει, sog Krasis § 5.3; 3 Pers Sg Impf Akt von προχωρέω):* vorrücken, vonstatten gehen, vorwärts kommen; **ἀνίει** *(3 Pers Sg Impf Akt von ἀνίημι):* loslassen, aufgeben; **ζητῶν:** *Nom Sg Mask des Part Dur Akt von ζητέω;* **ἤδη:** bereits, schon; **μεσημβρία:** Mittag; **ᾐσθάνοντο** *(3 Pers Pl Impf Akt von αἰσθάνομαι):* wahrnehmen, bemerken; **θαυμάζοντες** *(Nom Pl Mask des Part Dur Akt von θαυμάζω):* sich wundern, bewundern; **ἄλλος:** ein anderer; **ἔλεγεν:** *Impf von λέγω;* **ἐξ ἑωθινοῦ:** vom frühen Morgen an; **φροντίζων** *(Nom Sg Mask des Part Dur Akt von φροντίζω):* nachdenken, bedenken; **ὁ δὲ:** dieser aber *(der Artikel hat hier noch die ursprüngliche Funktion als Demonstrativpronomen, § 42.1);* **μέχρι:** solange bis; **ἕως:** die Morgenröte; **ἀνέσχεν** *(3 Pers Sg Aor II Akt von ἀνέχω, § 25):* emporhalten; intr. auftauchen, aufgehen; **ἔπειτα:** darauf, hierauf; **ᾤχετ(ο)** *(3 Pers Sg Impf Med von οἴχομαι):* sich rasch aufmachen, weggehen; *mit Perfektbedeutung:* weggegangen sein, verschwunden sein; **ἀπιὼν** *(Part Akt von ἀπιέναι, § 40.2):* es bezeichnet bei οἴχομαι die Schnelligkeit oder die Eile und ist im Deutschen am besten mit einem Adverb wiederzugeben: schleunigst, eilig, plötzlich; **προσευξάμενος** *(Nom Sg Mask des Part Aor I Med von προσεύχομαι):* beten zu.

Matthäus 19, 21:

‘ Ὁ Ἰησοῦς· Εἰ θέλεις τέλειος εἶναι, ὕπαγε πώλησόν σου τὰ ὑπάρχοντα καὶ δὸς τοῖς πτωχοῖς, καὶ ἕξεις θησαυρὸν ἐν οὐρανοῖς, καὶ δεῦρο ἀκολούθει μοι.

θέλεις *(2 Pers Sg Dur Akt von θέλω)*: wollen, wünschen, bereit sein *(in einem grundsätzlichen Sinn)*; **ὕπαγε**: auf! vorwärts! **πώλησον** *(2 Pers Sg Imp Aor I Akt von πωλέω)*: verkaufen *(der Aorist meint die einmalige Handlung)*; **τὰ ὑπάρχοντα** *(Akk Pl des Part Neutr)*: das, was als Lebensgrundlage vorhanden ist: der Besitz, die Habe; **δός** *(2 Pers Sg Imp Aor von δίδωμι, § 35)*: geben; **πτωχοῖς** *(Dat Pl)*: der Bettler; **ἕξεις**: *2 Pers Sg Fut Akt von ἔχω;* **δεῦρο**: hierher! wohlan! **ἀκολούθει** *(2 Pers Sg Imp Dur Akt von ἀκολουθέω)*: zusammen auf dem gleichen Weg gehen, sich anschliessen.

Hinweis: Bei der Frage nach dem Besitz steht das Menschsein auf dem Spiel, der Mensch hat hier nicht die freie Wahl (U. Luz).

Woche 28: Prüfung

Platon, Kriton 46b 4:

Sokrates spricht: ἐγὼ οὐ νῦν πρῶτον, ἀλλὰ καὶ ἀεὶ τοιοῦτος, οἷος τῶν ἐμῶν μηδενὶ ἄλλῳ πείθεσθαι ἢ τῷ λόγῳ, ὃς ἄν μοι λογιζομένῳ βέλτιστος φαίνηται.

νῦν: jetzt; **πρῶτον**: zum ersten Mal; **καὶ**: auch, sogar; **ἀεί**: immer; **τοιοῦτός <εἰμι>**: ich bin ein solcher; **οἷος** *(mit Infinitiv!)*: sodass; **τῶν ἐμῶν** *(Gen Pl von τὰ ἐμά)*: meine Dinge, meine Person, mein Wesen; **μηδενὶ** *(Dat Sg von μηδείς / μηδέν)*: niemand / nichts; **ἄλλῳ**: *Dat Sg von ἄλλο;* **πείθεσθαι** *(Inf Dur Med)*: gehorchen *(der Infinitiv bezeichnet die Folge als erstrebt, er hat als Subjekt Sokrates);* **λόγῳ** *(Dat Sg)*: Grundsatz, Erwägung, Meinung; **ὃς ἄν** *(mit Konjunktiv): ἄν verallgemeinert hier als Eventualis (§ 53.1) das Relativpronomen:* welcher auch immer; **λογιζομένῳ** *(Dat Sg des Part Dur Med von λογίζομαι)*: erwägen, bedenken; **βέλτιστος**: der beste *(im ethischen Sinne);* **φαίνηται** *(3 Pers Sg Konj Dur Med von φαίνομαι)*: sichtbar werden, sich zeigen.

Paulus (1 Thess 5,21):

Πάντα δὲ δοκιμάζετε, τὸ καλὸν κατέχετε.

δοκιμάζετε *(2 Pers Pl Imp Dur von δοκιμάζω):* (auf seine Bewährung hin)
prüfen; **κατέχετε** *(2 Pers Pl Imp Dur Akt von κατέχω):* niederhalten, festhalten.

Woche 29: Die Weisheit des Menschen

Platon, Apologie 23b 2:

Es spricht der Gott von Delphi: Οὗτος ὑμῶν, ὦ ἄνθρωποι, σοφώτατός ἐστιν, ὅστις ὥσπερ Σωκράτης ἔγνωκεν, ὅτι οὐδενὸς ἄξιός ἐστι τῇ ἀληθείᾳ πρὸς σοφίαν.

ὦ: *leitet (in attischer Höflichkeit) den Vokativ ein;* σοφώτατος: der weiseste *(Superlativ);* ὅστις *(allgemeines Relativpronomen):* welcher auch immer; ἔγνωκεν *(3 Pers Sg Ind Perf Akt von* γιγνώσκω*):* erkennen *(das Perf bezeichnet das Unabänderliche);* οὐδενὸς ἄξιος: nichts wert; τῇ ἀληθείᾳ: in Wahrheit *(Dat des Mittels oder der Beziehung, § 47);* σοφίαν *(Akk Sg):* Weisheit.

Paulus (1 Kor 1,20 + 25):

Οὐχὶ ἐμώρανεν ὁ θεός τὴν σοφίαν τοῦ κόσμου; τὸ μωρὸν τοῦ θεοῦ σοφώτερον τῶν ἀνθρώπων ἐστίν, καὶ τὸ ἀσθενὲς τοῦ θεοῦ ἰσχυρότερον τῶν ἀνθρώπων.

οὐχὶ: etwa nicht? **ἐμώρανεν** *(3 Pers Sg Ind Aor Akt, § 33.4, von μωραίνω):* als Unsinn, Non-sens erweisen; *der Aorist meint das Ereignis der Kreuzigung des Messias;* **ὁ θεὸς**: *der Artikel weist auf den bekannten Gott, der sich im AT als Person offenbart hat;* **μωρόν** *(Nom Sg Neutr):* widersinnig, non-sens; **σοφώτερον**: weiser *(Komparativ);* **τῶν ἀνθρώπων**: *der Genetiv bezeichnet hier den Vergleichspunkt;* **ἀσθενὲς** *(Nom Sg Neutr):* schwach; **ἰσχυρότερον**: stärker *(Komparativ).*

Woche 30: Armut

Platon, Apologie 23b 5:

Sokrates spricht: ταῦτ᾽ οὖν ἐγὼ μὲν ἔτι καὶ νῦν περιιὼν ζητῶ καὶ ἐρευνῶ κατὰ τὸν θεὸν καὶ ὑπὸ ταύτης τῆς ἀσχολίας ἐν πενίᾳ μυρίᾳ εἰμὶ διὰ τὴν τοῦ θεοῦ λατρείαν.

ταῦτ(α) : diese Dinge *(nämlich dass Weisheit nur beim Gott ist, dass die Menschen aber sich einbilden, selber Weisheit zu besitzen);* **ἔτι**: noch; **περιιών** *(Nom Sg Mask des Part Dur Akt von περιιέναι):* herumgehen (bei den Leuten); **ζητῶ**: *1 Pers Sg Ind Dur Akt von ζητέω;* **ἐρευνῶ** *(1 Pers Sg Ind Dur Akt von ἐρευνάω):* aufspüren; **κατὰ** *(Präposition mit Akk):* gemäss, zufolge, nach Massgabe von..., in Uebereinstimmung mit...; **ταύτης**: *Gen Sg Fem von οὗτος;* **ἀσχολίας** *(Gen Sg von ἀσχολία):* Unmusse, Beschäftigung; **πενίᾳ** *(Dat Sg):* Armut; **μυρίᾳ** *(Dat Sg):* unzählig, unendlich gross; **εἰμὶ** *(§ 40.1):* ich bin; **λατρείαν** *(Akk Sg):* gezwungener Dienst, Frondienst.

64

Paulus (1 Kor 4,11 + 9,16):

Ἄχρι τῆς ἄρτι ὥρας καὶ πεινῶμεν καὶ διψῶμεν καὶ γυμνιτεύομεν καὶ κολαφιζό-μεθα καὶ ἀστατοῦμεν. ἐὰν γὰρ εὐαγγελίζωμαι, οὐκ ἔστιν μοι καύχημα· ἀνάγκη γάρ μοι ἐπίκειται· οὐαὶ γάρ μοί ἐστιν, ἐὰν μὴ εὐαγγελίσωμαι.

ἄχρι *(Präposition mit Gen):* bis (zu); **ἄρτι** *(Adv; Attribut zu τῆς ὥρας, § 43.1):* eben erst: **ὥρας** *(Gen Sg):* Stunde; **πεινῶμεν** *(1 Pers Pl Ind Dur Akt von πεινάω):* hungern; **διψῶμεν**: dürsten; **γυμνιτεύομεν**: nackt sein, schlecht gekleidet sein; **κολαφιζόμεθα** *(1 Pers Pl Ind Dur Pass von κολαφίζω):* ohrfeigen, misshandeln; **ἀστατοῦμεν** *(zu ἀστατέω):* ohne Rast und Ruhe sein, umherirren, heimat-los sein; **εὐαγγελίζωμαι** *(1 Pers Sg Konj Dur Med; Deponens):* die frohe Bot-schaft verkünden *(nämlich, dass Gott gesiegt hat);* **καύχημα**: Gegenstand des Stolzes, Ruhm; **ἀνάγκη**: Zwang, Nötigung, Notwendigkeit; **ἐπίκειται** *(3 Pers Sg Ind Dur Med von ἐπίκειμαι; mit Dat):* liegen auf; **οὐαὶ** *(mit Dat):* Fluch über... *(zu verstehen als Todesandrohung);* **εὐαγγελίσωμαι**: *der Konj Aor ist hier entweder ingressiv gemeint:* sich entschliessen zu... *oder effektiv im Sinne des Vollzugs:* tat-sächlich

Woche 31: Die Fürsorge Gottes

Xenophon, Memorabilien 1,1,19:

Καὶ γὰρ ἐπιμελεῖσθαι θεοὺς ἐνόμιζεν ἀνθρώπων οὐχ ὃν τρόπον οἱ πολλοὶ νομίζουσιν· οὗτοι μὲν γὰρ οἴονται τοὺς θεοὺς τὰ μὲν εἰδέναι, τὰ δ' οὐκ εἰδέναι· Σωκράτης δὲ πάντα μὲν ἡγεῖτο θεοὺς εἰδέναι, τά τε λεγόμενα καὶ πραττόμενα καὶ τὰ σιγῇ βουλευόμενα, πανταχοῦ δὲ παρεῖναι καὶ σημαίνειν τοῖς ἀνθρώποις περὶ τῶν ἀνθρωπείων πάντων.

καὶ γὰρ: denn auch; **θεούς**: *Akk Pl als Subjektsakkusativ eines ACI,* ~ *abhängiger Aussagesatz § 55;* **ἐνόμιζεν**: *3 Pers Sg Ind Impf Akt von* νομίζω, *das Impf meint die andauernde Gewohnheit;* **ὃν τρόπον** *(Akk der Beziehung):* auf welche (Art und) Weise; **οὗτοι**: *Nom Pl Mask von* οὗτος; **οἴονται** *(3 Pers Pl Ind Dur Med von* οἴομαι; *Deponens):* glauben, meinen *(im subjektiven Sinn);* **τοὺς θεούς**: *Subjektsakkusativ des ACI;* **τὰ μὲν - τὰ δὲ** *(Akk Pl Neutr):* das eine - das andere; **εἰδέναι** *(Inf Perf von* οἶδα, *§ 41.2):* wissen; **ἡγεῖτο** *(3 Pers Sg Ind Impf Med von* ἡγέομαι; *Deponens):* führen; meinen, glauben *(d.h. mit seiner Meinung bestimmend auftreten);* **θεούς**: *Subjektsakkusativ des ACI;* **λεγόμενα** *(Akk Pl Neutr des Part Dur Pass):* Dinge, die gesagt werden; **σιγῇ** *(Dat Sg von* σιγή): mit Schweigen; **βουλεύω**: beraten über, ersinnen, ausdenken; **πανταχοῦ**: überall; **παρεῖναι**: anwesend sein; **περὶ** *(Präposition mit Genetiv):* um, betreffs, über, von; **τοῖς ἀνθρώποις**: *Dat Pl;* **τῶν ἀνθρωπείων** *(Gen Pl von* τὰ ἀνθρώπεια): Dinge, die den Menschen angehen.

Hinweis: Die hier geschilderte Frömmigkeit des Sokrates ist - wie Xenophon selber andeutet - innerhalb der griechischen Religion etwas einzigartiges.

Matthäus 6, 31-32:

Μὴ οὖν μεριμνήσητε λέγοντες, Τί φάγωμεν; ἤ, Τί πίωμεν; ἤ, Τί περιβαλώμεθα; πάντα γὰρ ταῦτα τὰ ἔθνη ἐπιζητοῦσιν· οἶδεν γὰρ ὁ πατὴρ ὑμῶν ὁ οὐράνιος, ὅτι χρῄζετε τούτων ἁπάντων.

μεριμνήσητε *(2 Pers Pl Konj Aor Akt von μεριμνάω):* sich ängstlich Sorgen machen; **λέγοντες:** *Nom Pl Mask des Part Dur Akt von λέγω;* **φάγωμεν** *(1 Pers Pl Konj Aor II Akt zu ἐσθίω):* essen *(der Konjunktiv bezeichnet hier den sog. Deliberativ, § 52.1, der Aorist die konkrete Situation);* **πίωμεν** *(Konj Aor II Akt zu πίνω);* trinken; **περιβαλώμεθα** *(1 Pers Pl Konj Aor II Med zu περιβάλλω):* herumlegen; *Med:* sich umlegen, sich anziehen (*vom Kleid*); **ταῦτα** *(Akk Pl Neutr von οὗτος):* diese Dinge; **ἔθνη** *(Nom Pl Neutr von ἔθνος):* Heide; **ἐπιζητοῦσιν** *(3 Pers Pl Ind Dur Akt von ἐπιζητέω):* aufsuchen, verlangen, streben nach; **οἶδεν** *(3 Pers Sg Ind Perf Akt von εἰδέναι, § 41.2):* wissen; **χρῄζετε** *(2 Pers Pl Ind Dur Akt von χρῄζω):* wünschen *(griechisch mit Genetiv);* **ἁπάντων** = πάντων.

67

Woche 32: Der Wert des Menschen

Platon, Protagoras 345 d:

Οὐδεὶς τῶν σοφῶν ἀνδρῶν ἡγεῖται οὐδένα ἀνθρώπων ἑκόντα ἐξαμαρτάνειν οὐδὲ αἰσχρά τε καὶ κακὰ ἑκόντα ἐργάζεσθαι, ἀλλ' εὖ ἴσασιν, ὅτι πάντες οἱ τὰ αἰσχρὰ καὶ τὰ κακὰ ποιοῦντες ἄκοντες ποιοῦσιν.

οὐδεὶς: niemand, keiner; **σοφῶν** *(Gen Pl von σοφός)*: weise; **ἀνδρῶν** *(Gen Pl von ἀνήρ, § 12,2.5)*: Mann; **οὐδένα** *(Akk Sg als Subjektsakkusativ des ACI)*: *οὐδένα verstärkt hier das οὐδεὶς am Anfang und bedeutet daher*: jemand, einer; **ἑκόντα** *(Akk Sg von ἑκών)*: freiwillig, von sich aus, absichtlich; **ἐξαμαρτάνειν** *(Inf Dur Akt)*: etw verfehlen, einen Fehler begehen, sich vergehen; **αἰσχρά** *(Akk Pl Neutr von αἰσχρός)*: hässlich, schändlich; **κακὰ** *(zu κακός)*: schlecht, schlimm; **ἐργάζεσθαι** *(Inf Dur Med; Deponens)*: etw ausführen, tun, hervorbringen; **εὖ** *(Adv)*: gut, wohl; **ἴσασιν**: *(3 Pers Pl Ind Perf von εἰδέναι, § 41.2)*: wissen; **ποιοῦντες**: *Nom Pl Mask des Part Dur Akt von ποιέω*; **ἄκοντες** *(zu ἄκων)*: unfreiwillig, nicht von sich aus, unabsichtlich; **ποιοῦσιν**: *3 Pers Pl Ind Dur Akt von ποιέω*.

68

Matthäus 18, 12-14:

' Ἐὰν γένηταί τινι ἀνθρώπῳ ἑκατὸν πρόβατα καὶ πλανηθῇ ἓν ἐξ αὐτῶν, οὐχὶ ἀφήσει τὰ ἐνενήκοντα ἐννέα ἐπὶ τὰ ὄρη καὶ πορευθεὶς ζητεῖ τὸ πλανώμενον; καὶ ἐὰν γένηται εὑρεῖν αὐτό, ἀμὴν λέγω ὑμῖν ὅτι χαίρει ἐπ' αὐτῷ μᾶλλον ἢ ἐπὶ τοῖς ἐνενήκοντα ἐννέα τοῖς μὴ πεπλανημένοις. οὕτως οὐκ ἔστιν θέλημα ἔμπροσθεν τοῦ πατρὸς ὑμῶν τοῦ ἐν οὐρανοῖς ἵνα ἀπόληται ἓν τῶν μικρῶν τούτων.

γένηται *(3 Pers Sg Konj Aor II Med von* γίνομαι*): (mit Dativ)* jem zuteil werden, zufallen *(der Aorist bezeichnet hier das einmalige Ereignis);* **τινι**: *Dat Sg von* τίς *(§ 17.3.2);* **ἑκατὸν**: hundert; **πρόβατα** *(Nom Pl Neutr von* πρόβατου*):* Schaf; **πλανηθῇ** *(3 Pers Sg Konj Aor Pass von* πλανάομαι*):* in die Irre gehen, verloren gehen; **ἀφήσει** *(3 Pers Sg Ind Fut Akt von* ἀφίημι*):* loslassen, aufgeben; **ἐνενήκοντα**: neunzig; **ἐννέα**: neun; **ὄρη** *(Akk Pl Neutr von* τὸ ὄρος *§ 12.5):* Berg, *Pl:* das Gebirge; **πορευθεὶς**: *Nom Sg Mask des Part Aor Pass von* πορεύομαι; **πλανώμενον**: *Akk Sg Neutr des Part Dur Med von* πλανάομαι; **εὑρεῖν** *(Inf Aor II Akt von* εὑρίσκω*):* finden; **χαίρει** *(3 Pers Sg Ind Dur Akt von* χαίρω*):* sich freuen; **ἐπὶ** *(Präposition mit Dativ):* aufgrund von..., wegen; **μᾶλλον**: eher, mehr; **πεπλανημένοις** *(Dat Pl Mask des Part Perf Med von* πλανάομαι*):* der Verlorene; **θέλημα** *(Nom Sg Neutr):* der Wille; **ἔμπροσθεν** *(Präposition mit Genetiv):* vor, bei; **ἀπόληται** *(3 Pers Sg Konj Aor II Med von* ἀπόλλυμαι*):* untergehen, umkommen *(der Aorist bezeichnet das Endgültige);* **μικρῶν** *(Gen Pl Neutr):* klein.

Woche 33: Aporie

Platon, Hippias maior 304c:

Sokrates spricht: ὦ ' Ἱππία φίλε, σὺ μὲν μακάριος εἶ, ὅτι οἶσθα, ἃ χρὴ ἐπιτη-
δεύειν ἄνθρωπον, καὶ ἐπιτετήδευκας ἱκανῶς, ὡς φής· ἐμὲ δὲ δαιμονία τις τύχη κατ-
έχει, ὅστις πλανῶμαι μὲν καὶ ἀπορῶ ἀεί, ἐπιδεικνὺς δὲ τὴν ἐμαυτοῦ ἀπορίαν ὑμῖν
τοῖς σοφοῖς ὑπὸ ὑμῶν προπηλακίζομαι. λέγετε γάρ, ὡς ἠλίθιά τε καὶ σμικρὰ καὶ
οὐδενὸς ἄξια πραγματεύομαι.

φίλε *(Vok Sg von φίλος):* geliebt, lieb, wert, teuer; **μακάριος**: glückse-
lig, ein Liebling der Götter; **εἶ**: *2 Pers Sg Ind Dur von εἰμί;* **οἶσθα**: *2 Pers Sg
Ind Perf Akt von οἶδα;* **ἐπιτηδεύειν** *(Inf Dur Akt):* mit Fleiss betreiben, (einer
Sache) nachgehen; **ἄνθρωπον**: *Subjektsakkusativ des ACI, der von χρή abhängig ist;*
ἐπιτετήδευκας: *2 Pers Ind Perf Akt;* **ἱκανῶς**: hinreichend, genügend; **φής** *(zu
φημί, § 40.3):* du behauptest, du sagst; **δαιμονία** *(Nom Sg Fem von δαιμόνιος):*
gottgesandt, wunderbar, seltsam; **τύχη**: Zufall, Geschick, Los;
ὅστις: *das allgemeine Relativpronomen weist daraufhin, dass der Relativsatz eine charakteristische
Angabe über Sokrates enthält (§ 17.6, Anm 3);* **ἀπορῶ** *(zu ἀπορέω):* ohne Mittel und Wege
sein, in (geistiger) Verlegenheit sein, im Zweifel sein, nicht wissen;
ἐπιδεικνύς *(Nom Sg Mask des Part Dur Akt von ἐπιδείκνυμι):* vorzeigen, darstellen,
schildern; **ἐμαυτοῦ**: *(Reflexivpronomen der ersten Person):* meiner selbst, mein
(betont); **προπηλακίζομαι** *(1 Pers Sg Ind Dur Pass zu προπηλακίζω):* *(eig. in den Schmutz
treten)* mit Schande zurückstossen, schnöde abfertigen, mit Schimpf be-
handeln; **λέγετε**: *2 Pers Pl Ind Dur Akt;* **ἠλίθια** *(Akk Pl Neutr von ἠλίθιος):* dumm,
einfältig, sinnlos; **σμικρά** = μικρά; **οὐδενὸς ἄξιος**: nichts wert;
πραγματεύομαι *(+ Akk):* sich beschäftigen mit.

"Was er lehrte, war gleichsam der Prozess des Philosophierens selber.
Er hatte immer nur wenige Notizen bei sich. Er besass die Fähigkeit,
sozusagen in aller Oeffentlichkeit zu denken, und es hatte immer etwas
Ergreifendes, wenn er in der Diskussion der Probleme an eine unüber-
steigbare Grenze kam, verstummte, seine tiefblauen Augen wie suchend
über die Hörer hingehen liess und dann mit einem leichten Seufzen
bekannte, hier nicht mehr weiter zu wissen. Dann wurde es ganz still
in dem grossen Hörsaal. Es war, wie wenn unmerklich ein Funke auf alle
übergesprungen wäre, und für Sekunden wenigstens spürte sich wohl
jeder in den schöpferischen Prozess, in den heiligen Ernst, in das
Ethos und die Not des Denkenden hineingezogen."
                    (ein ehemaliger Student über Nicolai Hartmann)

Sinn: Das aporetische Denken ist Anfang und Ende jeglicher Philosophie;
ohne dieses verfällt sie dem Wunschdenken und wird zur Weltanschauung
oder Ideologie.

Paulus (1 Kor 1,23-24):

Ἡμεῖς δὲ κηρύσσομεν Χριστὸν ἐσταυρωμένον, Ἰουδαίοις μὲν σκάνδαλον, ἔθνεσιν δὲ μωρίαν, αὐτοῖς δὲ τοῖς κλητοῖς, Ἰουδαίοις τε καὶ Ἕλλησιν, Χριστὸν θεοῦ δύναμιν καὶ θεοῦ σοφίαν.

κηρύσσομεν (1 Pers Pl Ind Dur Akt): wie ein Ausrufer überall verkünden; *Χριστὸν:* *hier ist der alte Würdetitel im Hintergrund noch spürbar: Christus = der Messias = der von Gott Gesalbte;* *ἐσταυρωμένον (Akk Sg Mask des Part Perf Pass):* der Gekreuzigte *(das Perfekt bezeichnet die Unabänderlichkeit des Geschehens: der Gekreuzigte bleibt trotz der Auferstehung der Gekreuzigte);* Ἰουδαίοις: *Dat Pl;* σκάνδαλον *(nicht prädikativ ['als..'], sondern Apposition ['nämlich..'] zu* Χριστόν): (ein von aussen gegebenes) Hindernis *(um zum Glauben zu kommen)* und Anstoss *(um vom Glauben abzufallen);* ἔθνεσιν: *Dat Pl, § 12.5;* μωρίαν *(Akk Sg):* Unsinn, Non-sens; κλητοῖς *(Dat Pl Mask zu* κλητός): der (von Gott) Gerufene; Ἕλλησιν *(Dat Pl von* Ἕλλην): Grieche *(von Paulus stellvertretend gemeint für alle Nicht-Juden);* θεοῦ: *steht betont voran; das Fehlen des Artikels zeigt, dass Gott in seiner Qualität gemeint ist, nicht so sehr als Person.*

Luther: Theologus gloriae dicit malum bonum et bonum malum, theologus crucis dicit id, quod res est. (Weimarer Ausgabe 1, 354.21)

Hinweis: 1. Gottes Weisheit ist ein törichtes Handeln, das jeglicher Logik und aller Erwartung von Gottes Macht widerspricht. Die Christen kommen nicht über die Situation des Hörens, Glaubens und Staunens hinaus.
2. Das Ereignis des Kreuzes ist nicht mehr aufhebbar in einen grösseren denkerischen Zusammenhang. Der Mensch ist unmittelbar der Sache ausgeliefert, er kommt zum An-sich. Das Evangelium ist daher keine religiöse Weltanschauung, kein Wunschdenken, sondern wesentlich Ontologie.
3. In der realen Welt ist der Mensch sich selbst Heiligung, Rechtfertigung und Erlösung: Er pocht - mit den Mitteln der Logik - auf seine Leistung, um sich vor Gott, vor der Welt und vor sich selbst annehmbar zu machen. Das Wort vom Kreuz befreit ihn von diesem Zwang zur Selbsterhaltung und öffnet ihm den Weg zum Dienst (ἀγάπη) am anderen und an der Sache. (H. Weder)

Woche 34: Der Lehrer

Platon, Apologie 33 a - b:

Sokrates spricht: ἐγὼ δὲ διδάσκαλος μὲν οὐδενὸς πώποτ᾽ ἐγενόμην· εἰ δέ τις μου ἐπιθυμοῖ ἀκούειν, εἴτε νεώτερος εἴτε πρεσβύτερος, οὐδενὶ πώποτε ἐφθόνησα, οὐδὲ χρήματα μὲν λαμβάνων διαλέγομαι, ἀλλ᾽ ὁμοίως καὶ πλουσίῳ καὶ πένητι παρέχω ἐμαυτὸν ἐρωτᾶν, καὶ ἐάν τις βούληται ἀποκρινόμενος ἀκούειν ὧν ἂν λέγω.

διδάσκαλος: Lehrer; **οὐδενὸς**: *Gen Sg von* οὐδείς; **πώποτ(ε)** : jemals; **ἐγενόμην**: *1 Pers Sg Ind Aor II Med von* γίνομαι; **μου** = *unbetontes* ἐμοῦ; *der Genetiv bezeichnet hier in Verbindung mit* ἀκούειν *das Objekt;* **ἐπιθυμοῖ** *(3 Pers Sg Opt Dur Akt von* ἐπιθυμέω*)*: begehren, wünschen *(der Optativ bezeichnet hier die wiederholte Handlung der Vergangenheit);* **ἀκούειν**: *Inf Dur Akt von* ἀκούω; **εἴτε - εἴτε**: ob - oder (ob); **νεώτερος**: ein Jüngerer; **πρεσβύτερος**: ein Aelterer; **οὐδενὶ**: *Dat Sg von* οὐδείς, *abh. von* ἐφθόνησα; **ἐφθόνησα** *(1 Pers Sg Ind Aor Akt von* φθονέω*)*: missgönnen; vorenthalten, verweigern; **λαμβάνων** *(Nom Sg Mask des Part Dur Akt von* λαμβάνω*)*: nehmen, erhalten, bekommen; **διαλέγομαι** *(1Pers Sg Ind Dur Med)*: sich unterreden, s. besprechen, s. unterhalten; **ὁμοίως**: in gleicher Weise; **πλουσίῳ** *(Dat Sg Mask)*: reich; **πένητι** *(Dat Sg Mask zu* πένης*)*: arm; **παρέχω**: zur Verfügung stellen, gewähren, schenken; **ἐμαυτόν**: *(Reflexivpronomen der ersten Person)*: mich selbst *(betont);* **ἐρωτᾶν** *(Inf Dur Akt)*: fragen *(der aktive Infinitiv ist hier im passiven Sinn gemeint, und zwar im Anschluss an die älteren Sprachgebrauch, wo der Infinitiv noch indifferent gegen die Diathese war, vgl. Bornemann-Risch, § 237.2 Anm).* **βούληται** *(3 Pers Sg Konj Dur Med von* βούλομαι*)*: wollen; **ἀποκρινόμενος** *(Nom Sg Mask des Part Dur Med von* ἀποκρίνομαι*)*: antworten; **ὧν** = τούτων, ἅ *(sog Attraktion des Relativpronomens, § 60.3.2).*

72

Lukas 22, 25-27:

Οἱ βασιλεῖς τῶν ἐθνῶν κυριεύουσιν αὐτῶν καὶ οἱ ἐξουσιάζοντες αὐτῶν εὐεργέται καλοῦνται. ὑμεῖς δὲ οὐχ οὕτως, ἀλλ᾽ ὁ μείζων ἐν ὑμῖν γινέσθω ὡς ὁ νεώτερος, καὶ ὁ ἡγούμενος ὡς ὁ διακονῶν. ἐγὼ δὲ ἐν μέσῳ ὑμῶν εἰμι ὡς ὁ διακονῶν.

βασιλεῖς *(Nom Pl von βασιλεύς)*: König; κυριεύουσιν *(3 Pers Pl Ind Dur Akt von κυρι-εύω, mit Genetiv)*: Herr sein über.., herrschen; ἐξουσιάζοντες *(Nom Pl Mask des Part Dur Akt)*: die Macht haben über..; εὐεργέται *(Nom Pl)*: Wohltäter; καλοῦνται *(3 Pers Pl Ind Dur Med von καλέω)*: nennen, rufen *(das Medium ist hier tolerativ gemeint:* sich...lassen); γινέσθω: *3 Pers Sg Imperativ Dur Med zu* γίνομαι; ἡγούμενος: *Nom Sg Mask Part Dur Med von* ἡγέομαι; διακονῶν *(Nom Sg Mask des Part Dur Akt von διακονέω)*: *(persönlich)* jem (zu)dienen *(z.B. bei Tisch)*; ἐγώ: *Jesus*; ἐν μέσῳ *(Dat Sg von μέσος)*: inmitten von...

Hinweis: Karl Barth macht darauf aufmerksam (Dogmatik IV 2, 781-783), dass das gesamte bisherige Recht immer nur ein Recht der Macht und der Machtsicherung darstellt; es fehlt immer noch ein Recht, das das Dienen in das Zentrum seiner Ueberlegungen stellt.

Woche 35: Maieutik

Platon, Theätet 150 c:

Sokrates spricht: μαιεύεσθαί με ὁ θεὸς ἀναγκάζει, γεννᾶν δὲ ἀπεκώλυσεν. εἰμὶ δὴ οὖν αὐτὸς οὐ πάνυ τι σοφός, οἱ δ' ἐμοὶ συγγιγνόμενοι φαίνονται παρ' ἐμοῦ οὐδὲν πώποτε μάθοντες, ἀλλ' αὐτοὶ παρ' αὑτῶν πολλὰ καὶ καλὰ εὑρόντες τε καὶ τεκόντες. τῆς μέντοι μαιείας ὁ θεός τε καὶ ἐγὼ αἴτιος.

μαιεύεσθαι: Hebamme sein, entbinden; με: mich *(unbetont); ἀναγκάζει (3 Pers Sg Ind Dur Akt):* zwingen; γεννᾶν: gebären; ἀπεκώλυσεν *(3 Pers Sg Ind Aor Akt zu ἀποκωλύω):* verhindern; δὴ οὖν: also ganz gewiss; πάνυ τι: gar sehr; συγγιγνόμενοι *(Nom Pl Mask Part Dur Med; mit Dativ):* zusammenkommen mit..; φαίνονται *(3 Pers Pl Ind Dur Med):* sich zeigen, auftreten; παρ' = παρά; μαθόντες *(Nom Pl Mask Part Aor II Akt von μανθάνω):* lernen *(das Partizip ist prädikativ gemeint:* als solche, die...); αὑτῶν = ἑαυτῶν *(Gen Pl des Reflexivpronomens der dritten Person):* von sich selbst; πολλὰ *(Akk Pl Neutr):* viele Dinge; εὑρόντες: *Nom Plur Mask Part Aor II Akt von εὑρίσκω;* τεκόντες: *(Aor II von τίκτω):* gebären; μέντοι: freilich, allerdings; μαιείας *(Gen Sg Fem):* Hebammenkunst; αἴτιος *(mit Genetiv):* schuldig an, Urheber von.

Matthäus 9,22:

Ἡ πίστις σου σέσωκέν σε.

σέσωκεν *(3 Pers Sg Ind Perf Akt von σῴζω):* retten *(das Perfekt bezeichnet den unabänderlichen Zustand);* σε *(Akk Sg):* dich *(unbetont).*

Hinweis: Das Wort, das mit grösster Wahrscheinlichkeit auf Jesus selber zurückgeht, meint nicht, dass Jesus den Glauben erst erweckt hat; vielmehr hebt es ins Bewusstsein, was unbewusst im Menschen als heilsame Kraft gewirkt hat.

Woche 36: Gottesdienst

Platon, Apologie 29 d:

Sokrates spricht: ἐγὼ ὑμᾶς, ὦ ἄνδρες᾽ Ἀθηναῖοι, ἀσπάζομαι μὲν καὶ φιλῶ, πείσομαι δὲ μᾶλλον τῷ θεῷ ἢ ὑμῖν, καὶ ἕωσπερ ἂν ἐμπνέω καὶ οἷός τε ὦ, οὐ μὴ παύσωμαι φιλοσοφῶν καὶ ὑμῖν παρακελευόμενός τε καὶ ἐνδεικνύμενος.

ἄνδρες: *Gen Pl von ἀνήρ;* **ἀσπάζομαι** *(Deponens):* umarmen, willkommen heissen, gern haben; **φιλῶ**: *Präs von φιλέω;* **πείσομαι** *(Futur von πείθομαι):* gehorchen; **τῷ θεῷ**: *der Artikel weist individualisierend auf den Gott in Delphi;* **ἕωσπερ** *(mit ἄν + Konjunktiv, Eventualis § 53.1):* (gerade) solange als; **ἐμπνέω**: atmen, leben; **οἷός τε ὦ**: ich bin imstande (*ὦ = 1 Pers Sg Konj Präs von εἰμί);* **παύσωμαι** *(Konjunktiv Aor Med von παύομαι):* aufhören; **φιλοσοφῶν** *(Part Dur Akt):* nach der Weisheit suchen *(das Partizip bezeichnet bei παύομαι die Tätigkeit, mit welcher man aufhören will);* **παρακελευόμενος** *(Part Dur Med):* gebieten, anraten, zusprechen; **ἐνδεικνύμενος** *(Part Dur Med):* darlegen, seine Meinung kundtun *(das Medium ist bei beiden Partizipien ein dynamisches Medium [§ 49.2.3], das die Anstrengung hervorhebt, mit der das Subjekt die Handlung vollzieht).*

Lukas, Apg 5, 27-29:

Καὶ ἐπηρώτησεν αὐτοὺς ὁ ἀρχιερεὺς λέγων· Οὐ παραγγελίᾳ παρηγγείλαμεν ὑμῖν μὴ διδάσκειν ἐπὶ τῷ ὀνόματι τούτῳ; καὶ ἰδοὺ πεπληρώκατε τὴν ᾽Ιερουσαλὴμ τῆς διδαχῆς ὑμῶν, καὶ βούλεσθε ἐπαγαγεῖν ἐφ᾽ ἡμᾶς τὸ αἷμα τοῦ ἀνθρώπου τούτου. ὁ δὲ Πέτρος εἶπεν πρὸς αὐτούς· Πειθαρχεῖν δεῖ θεῷ μᾶλλον ἢ ἀνθρώποις.

ἐπηρώτησεν *(Ind Aor Akt von ἐπερωτάω)*: befragen; αὐτοὺς: *die zwölf Apostel;* ἀρχιερεὺς: Hohepriester; λέγων: *Nom Sg Mask des Part Dur Akt;* παραγγελίᾳ *(Dat Sg)*: Anordnung, Weisung; παρηγγείλαμεν *(1 Pers Pl Ind Aor Akt von παραγ-γέλλω, zur Form vgl § 33.4)*: anordnen, befehlen *(charakteristisch ist bei diesem Wort, dass immer ein bestimmter Personenkreis in die Pflicht genommen wird)*; διδάσκειν *(Inf Dur Akt)*: lehren; ἐπὶ *(Präposition mit Dativ)*: auf der Grundlage von...; ὀνόματι *(Dat Sg von ὄνομα)*: Name *(gemeint: von Jesus Christus)*; τούτῳ *(Dat Sg Neutr von οὗτος)*: dieser; ἰδού: siehe; πεπληρώκατε *(2 Pers Pl Ind Perf Akt von πληρόω, verbunden mit dem Genetiv des Bereichs, § 46, im Deutschen mit dem Instrumental)*: füllen mit..; διδαχῆς *(Gen Sg)*: Lehre; βούλεσθε: *2 Pers Pl Ind Dur Med von βούλομαι;* ἐπαγα-γεῖν *(Inf Aor II Akt von ἐπάγω)*: herbeiführen, bringen über..; ἐφ᾽ = ἐπί; ἡμᾶς: *Akk von ἡμεῖς;* τὸ αἷμα: das Blut *(d.h. das vergossene Blut, das nach Rache schreit und gleichsam selbsttätig den Tod des Mörders bewirkt);* τούτου: *Gen Sg Mask von οὗτος;* αὐτοὺς: *d.h. den Hohepriester und die Mitglieder des Hohen Rates;* πειθαρχεῖν *(Inf Dur Akt)*: gehorchen *(eig. den Archonten, d.h. den Behörden, Folge leisten);* θεῷ - ἀνθρώποις: *das Fehlen des Artikels betont das Prinzipielle der Aussage.*

Woche 37: Der göttliche Wahnsinn

Platon, Phaidros 249 c + d:

Διὸ δικαίως μόνη πτεροῦται ἡ τοῦ φιλοσόφου διάνοια· πρὸς γὰρ ἐκείνοις ἀεί ἐστιν μνήμῃ κατὰ δύναμιν, πρὸς οἷσπερ θεὸς ὢν θεῖός ἐστιν. ἐξιστάμενος δὲ τῶν ἀνθρωπίνων σπουδασμάτων καὶ πρὸς τῷ θείῳ γιγνόμενος, νουθετεῖται μὲν ὑπὸ τῶν πολλῶν ὡς παρακινῶν, ἐνθουσιάζων δὲ λέληθεν τοὺς πολλούς.

δικαίως *(Adv):* zu Recht; **μόνη** *(Nom Sg Fem zu μόνος):* allein, nur; **πτεροῦται** *(Ind Dur Med-Pass von πτερόω):* mit Flügeln versehen, erheben; **ἡ διάνοια**: das Denken; **πρὸς** *(Präposition mit Dativ):* bei; **ἐκείνοις** *(Dat Pl Neutr von τὰ ἐκεῖνα):* jene Dinge; **ἐστιν:** *Subjekt: ὁ φιλόσοφος;* **μνήμῃ** *(Dat des Mittels):* Erinnerung; **οἷσπερ** *(Dat Pl Neutr von ὅσπερ):* welcher gerade; **θεός:** *Subjekt;* **ὢν** *(Nom Sg Mask des Part von εἰμί):* seiend *(das Partizip ist hier kausal gemeint und auf πρὸς οἷσπερ zu beziehen);* **θεῖος:** göttlich; **ἐξιστάμενος** *(Part Dur Med von ἐξίσταμαι, mit Genetiv):* heraustreten, sich entfernen; **ἀνθρωπίνων** *(Gen Pl):* dem Menschen eigen; **σπουδασμάτων** *(Gen Pl von τὸ σπούδασμα):* Bestrebung, Eifer; **γιγνόμενος** *(Part Dur Med):* sich einfinden bei *(πρός);* **νουθετεῖται** *(Ind Dur Pass von νουθετέω):* zurechtweisen, schelten; **τῶν πολλῶν:** *Gen Pl von οἱ πολλοί;* **ὡς:** *bezeichnet mit dem folgenden Partizip zusammen den subjektiven Grund:* als ob, weil angeblich..; **παρακινῶν** *(Nom Sg Mask des Part Dur Akt):* verrücken; *hier intransitiv:* verrückt sein; **ἐνθουσιάζων** *(Part Dur Akt):* in Gott *(ἔνθεος)* sein *(das Partizip ist das Objekt zum folgenden Verb: dass er...);* **λέληθεν** *(3 Pers Sg Ind Perf II Akt von λανθάνω):* jem entzogen sein, verborgen sein vor *(mit Akk);* das Perfekt bezeichnet das Unabänderliche der Aussage.

78

Markus 3, 20-21:

Καὶ ἔρχεται εἰς οἶκον· καὶ συνέρχεται πάλιν ὁ ὄχλος, ὥστε μὴ δύνασθαι αὐτοὺς μηδὲ ἄρτον φαγεῖν. καὶ ἀκούσαντες οἱ παρ᾽ αὐτοῦ ἐξῆλθον κρατῆσαι αὐτόν, ἔλεγον γὰρ ὅτι ἐξέστη.

ἔρχεται *(3 Pers Sg Ind Dur Med)*; *Subjekt: Jesus;* **οἶκον** *(Akk Sg):* Haus; **συν-**: zusammen-; **πάλιν**: wiederum; **ὄχλος**: die Menschenmenge; **δύνασθαι**: *Inf Dur Med von δύναμαι, abhängig von ὥστε;* **αὐτοὺς** *(Subjektsakkusativ des ACI, § 55):* Jesus und seine Begleiter; **ἄρτον** *(Akk Sg):* Brot; **φαγεῖν** *(Inf Aor II Akt zu ἐσθίω):* essen *(der Aorist bezieht sich auf die einmalige Situation);* **ἀκούσαντες**: *Nom Pl Mask Part Aor Akt von ἀκούω;* **οἱ παρ᾽ αὐτοῦ**: die <Leute> von seiner Seite = seine Angehörigen; **ἐξῆλθον** = ἐξ + ἦλθον ; **κρατῆσαι** *(Inf Aor Akt von κρατέω):* sich jem bemächtigen, ergreifen, festnehmen; **ἔλεγον**: *Impf im Sinne einer wiederholten Handlung;* **ἐξέστη** *(3 Pers Sg Ind Wurzelaorist, § 37 + 41, von ἐξίσταμαι):* aus sich heraustreten, um seinen Verstand kommen, verrückt werden.

Woche 38: Das Sterben

Platon, Phaidon 67e:

Οἱ ὀρθῶς φιλοσοφοῦντες ἀποθνῄσκειν μελετῶσι, καὶ τὸ τεθνάναι ἥκιστα αὐτοῖς ἀνθρώπων φοβερόν.

ὀρθῶς: auf richtige Weise; **φιλοσοφοῦντες** *(Part Dur Akt)*: nach Weisheit streben, die Liebe zur Weisheit haben; **ἀποθνῄσκειν**: *Inf Dur Akt*; **μελετῶσι** *(3 Pers Pl Ind Dur Akt von μελετάω)*: sich angelegentlich mit etw beschäftigen, sich einer Sache ergeben, sich üben in; **τεθνάναι** *(Inf des Wurzelperfekt Akt)*: tot sein; **ἥκιστα** *(Adv des Superlativs)*: am wenigsten; **ἀνθρώπων**: *der Gen Pl ist abhängig von ἥκιστα;* **φοβερόν** *(Nom Sg Neutr)*: furchterregend, schrecklich.

Sinn: Der Tod ist als Naturphänomen gegeben, nicht aber das Leben; dieses ist dem Menschen aufgegeben.

Paulus (2 Kor 4,11-12):

' Ἀεὶ γὰρ ἡμεῖς οἱ ζῶντες εἰς θάνατον παραδιδόμεθα διὰ ' Ἰησοῦν, ἵνα καὶ ἡ ζωὴ τοῦ
' Ἰησοῦ φανερωθῇ ἐν τῇ θνητῇ σαρκὶ ἡμῶν. ὥστε ὁ θάνατος ἐν ἡμῖν ἐνεργεῖται, ἡ δὲ
ζωὴ ἐν ὑμῖν.

παραδιδόμεθα *(1 Pers Pl Ind Dur Pass von παραδίδωμι):* übergeben, ausliefern
(das Durativ ist im Sinne der Wiederholung gemeint); **φανερωθῇ** *(3 Pers Sg Konj Aor Pass von*
φανερόω): sichtbar machen; offenbaren *(der Aorist bezeichnet das endgültige*
Ereignis); **σαρκὶ** *(Dat Sg von ἡ σαρξ):* der vergängliche Körper; **ἡμῶν** *(Gen Pl):*
von uns, 'unser'; **ὥστε** *(leitet hier einen Hauptsatz ein):* und so, darum;
ἐνεργεῖται *(3 Pers Sg Ind Dur Med von ἐνεργέω:* wirken, wirksam sein *(das Medium*
ist hier als sog dynamisches Medium zu verstehen, § 49.2.3).

Sinn: Nur durch seine sterbliche Leiblichkeit wird die Botschaft des
Apostels glaubhaft, d.h. nur durch die prinzipielle Ohnmacht des
Boten erhält das Evangelium seine letzte Ueberzeugungskraft. Der
Mensch in seiner Sterblichkeit und die Gemeinde sind Geschöpfe
Gottes und so wird letztere zur Offenbarung der lebensschaffenden
Kraft Gottes. Der Einzelne geht unter, das Uebergreifende aber, die
Gemeinde, lebt.

Woche 39: Die Anklage gegen den Schuldfreien

Diogenes Laertius II 40:

' Ἀδικεῖ Σωκράτης, οὓς μὲν ἡ πόλις νομίζει θεοὺς οὐ νομίζων, ἕτερα δὲ καινὰ δαιμόνια εἰσηγούμενος· ἀδικεῖ δὲ καὶ τοὺς νέους διαφθείρων. τίμημα θάνατος.

ἀδικεῖ *(3 Pers Sg Ind Dur Akt von ἀδικέω):* Unrecht tun; **οὓς**: *Akk Pl Mask des Relativpronomens, bezogen auf θεούς;* **ἡ πόλις**: die Stadt (Athen); **νομίζει**: im Brauch haben, pflegen, festhalten an; **νομίζων**: *Nom Sg Mask Part Dur Akt;* **καινὰ** *(Akk Pl Neutr):* neu, neuartig, noch nie dagewesen, altes ersetzend; **δαιμόνια** *(Akk Pl Neutr):* göttliches Wesen *(das weder im Bild noch im Kult fassbar ist);* **εἰσηγούμενος** *(Part Dur Med; Deponens):* einführen, beantragen, lehren; **ὁ νέος**: der junge Mensch; **διαφθείρων** *(Part Dur Akt):* verderben, verführen; **τίμημα**: Strafe.

Lukas, Apg 6, 13-14:

' Ὁ ἄνθρωπος οὗτος οὐ παύεται λαλῶν ῥήματα κατὰ τοῦ τόπου τοῦ ἁγίου τούτου καὶ τοῦ νόμου· ἀκηκόαμεν γὰρ αὐτοῦ λέγοντος, ὅτι Ἰησοῦς ὁ Ναζωραῖος οὗτος καταλύσει τὸν τόπον τοῦτον καὶ ἀλλάξει τὰ ἔθη, ἃ παρέδωκεν ἡμῖν Μωϋσῆς.

οὗτος: *gemeint ist Stephanus, der erste christliche Märtyrer;* **ῥήματα** *(Akk Pl Neutr zu τὸ ῥῆμα):* das (nachdrücklich ausgesprochene) Wort *(auch als Willensäusserung);* **τόπου** *(Gen Sg):* Ort; **ἁγίου**: heilig, gottgehörig; **τούτου**: *Gen Sg von* οὗτος *(gemeint ist der Tempel in Jerusalem);* **ἀκήκοαμεν**: *1 Pers Pl Ind Perf Akt von* ἀκούω *(das Perfekt hebt den Zustand hervor und unterstreicht damit die Härte der Anklage; Subjekt sind die im vorangegangenen Text erwähnten falschen Zeugen);* **οὗτος**: *hat hier einen verächtlichen Nebensinn.* **ἀλλάξει** *(3 Pers Sg Ind Fut Akt von* ἀλλάσσω*):* anders machen, verändern; **ἔθη** *(Akk Plk Neutr von τὸ ἔθος): (äusserliche)* Sitte, Brauch; **παρέδωκεν**: *3 Pers Sg Ind Aor Akt von* παραδίδωμι.

Hinweis: Lukas stellt bewusst die Anklage in eine Parallele zur Anklage gegen Jesus, vgl Markus 14,58.

Woche 40: Das Los des Schuldfreien

Platon, Staat 361 e - 362 a:

᾿ Ὁ δίκαιος μαστιγώσεται, στρεβλώσεται, δεδήσεται, ἐκκαυθήσεται τὼ ὀφθαλμώ, τελευτῶν πάντα κακὰ παθὼν ἀνασχινδυλευθήσεται καὶ γνώσεται, ὅτι οὐκ εἶναι δίκαιον, ἀλλὰ δοκεῖν δεῖ ἐθέλειν.

μαστιγώσεται *(3 Pers Sg Ind Fut Med, hier im passiven Sinn, von μαστιγόω):* geisseln, auspeitschen; **στρεβλώσεται** *(ebenfalls im passiven Sinn zu στρεβλόω):* drehen, foltern; **δεδήσεται** *(passives Futur des Perfekts von δέω):* binden, fesseln, gefangen nehmen; **ἐκκαυθήσεται** *(Ind Fut Pass von ἐκκάω):* ausbrennen *(d.h. mit glühenden Eisen ausstechen);* **τὼ ὀφθαλμὼ** *(Akk Dual als Akk der Beziehung, § 48):* die beiden Augen; **τελευτῶν** *(Part Dur Akt zu τελευτάω, klassisch gern als Adverb gebraucht):* schliesslich, endlich; **παθὼν** *(Part Aor II Akt von πάσχω):* leiden; **ἀνα-σχινδυλευθήσεται** *(Fut Pass von ἀνασχινδυλεύω):* aufspiessen, kreuzigen; **γνώσεται** *(Ind Fut Med von γιγνώσκω):* erkennen *(das Medium ist im Sinne eines Aktiv gemeint, § 49.5);* **δίκαιον:** *der Akk ist bedingt dadurch, dass das Adjektiv sich auf ein nicht genanntes Subjekt bezieht, das beim Infinitiv im Akk stehen muss [Bornemann-Risch § 235.4; Blass-Debrunner-Rehkopf];* **δοκεῖν** *(Inf Dur Akt von δοκέω):* ein Aussehen annehmen = scheinen; **ἐθέλειν** *(Inf Dur Akt):* bereit/einverstanden sein, zulassen, wollen *(in einem grundsätzlichen Sinn).*

Hinweis: Wegen dieses Satzes galt Platon in der alten Kirche als ein Prophet des Christentums [10]. Für Platon stand im Hintergrund das Schicksal von Sokrates.

---

[10]vgl dazu E. Benz, Der gekreuzigte Gerechte bei Plato, im Neuen Testament und in der alten Kirche, Mainz 1950.

Matthäus 5,10:

Μακάριοι οἱ δεδιωγμένοι ἕνεκεν δικαιοσύνης, ὅτι αὐτῶν ἐστιν ἡ βασιλεία τῶν οὐρανῶν.

δεδιωγμένοι *(Nom Pl Mask des Part Perf Pass von διώκω):* verfolgen *(das Perfekt bezeichnet die Verfolgung als Zeichen des Christ-Seins);* **ἕνεκεν** *(Präposition mit Genetiv):* um..willen, wegen; **δικαιοσύνης** *(Gen Sg):* 'Gerechtigkeit', (d.h. ein richtiges Verhalten im Sinne der Bergpredigt und damit auch ein Bekenntnis zu Christus) *(das Fehlen des Artikels unterstreicht das Prinzipielle der Aussage);* **αὐτῶν:** *der Genetiv bezeichnet den Besitzer.*

Woche 41: Die Verteidigung des Schuldfreien

Platon, Gorgias 486 b:

Kallikles spricht zu Sokrates: εἴ τις σοῦ λαβόμενος εἰς τὸ δεσμωτήριον ἀπάγοι, φάσκων ἀδικεῖν σε μηδὲν ἀδικοῦντα, ἰλιγγιῴης ἂν καὶ χασμῷο οὐκ ἔχων, ὅτι εἴποις, καὶ εἰς τὸ δικαστήριον ἀναβάς, κατηγόρου τυχὼν πάνυ φαύλου καὶ μοχθηροῦ, ἀποθάνοις ἄν, εἰ βούλοιτο θανάτου σοι τιμᾶσθαι.

λαβόμενος *(Part Aor II Med von λαμβάνω, verbunden mit Genetiv):* anfassen, ergreifen *(das Medium betont das Gewaltsame, § 49.2.3);* **τὸ δεσμωτήριον:** das Gefängnis; **ἀπάγοι** *(3 Pers Sg Opt Dur Akt von ἀπάγω):* abführen, wegführen *(der Optativ bezeichnet - im Nebensatz ohne, im Hauptsatz mit ἄν - die reine Möglichkeit; im Deutschen steht dafür der Indikativ mit dem Zusatz* 'etwa, wohl, vielleicht' *);* **φάσκων** *(Nom Sg Mask Part Dur Akt):* behaupten; **ἀδικεῖν:** *Inf Dur Akt von ἀδικέω;* **σε:** *Subjektsakkusativ des ACI;* **μηδὲν:** nichts; **ἀδικοῦντα:** *Akk Sg Mask des Part Dur Akt im konzessiven Sinn [obschon...];* **ἰλιγγιῴης** *(2 Pers Sg Opt Dur Akt von ἰλιγγιάω):* schwindlig werden, taumeln; **χασμῷο** *(2 Pers Sg Opt Dur Med von χασμάομαι):* mit offenem Mund dastehen, sprachlos sein; **ὅτι** *(indirektes Fragepronomen oder allgemeines Relativpronomen):* was; **εἴποις:** *2 Pers Sg Opt Aor II Akt von εἶπον;* **τὸ δικαστήριον:** das Gerichtsgebäude; **ἀναβάς** *(Nom Sg Mask des Wurzelaorists von ἀναβαίνω):* hinaufsteigen; **κατηγόρου** *(Gen Sg):* Ankläger; **τυχὼν** *(Part Aor II von τυγχάνω, verbunden mit Genetiv): (zufällig)* erhalten, erlangen; **πάνυ:** sehr; **φαύλου** *(φαῦλος):* untauglich, schwach, blöd; schlecht, schlimm, böse; **μοχθηροῦ** *(μοχθηρός):* mühsam, schlecht, unbrauchbar; **ἀποθάνοις:** *2 Pers Sg Opt Aor II Akt zu ἀποθνήσκω;* **βούλοιτο:** *3 Pers Sg Opt Präs Med zu βούλομαι;* **τιμᾶσθαι** *(Inf Dur Med):* gegen jem *(Dativ)*...*(Genetiv)* als Strafe beantragen.

Markus 14, 60-61:

Καὶ ἀναστὰς ὁ ἀρχιερεὺς εἰς μέσον ἐπηρώτησεν τὸν ᾽Ιησοῦν λέγων· Οὐκ ἀπο-
κρίνῃ οὐδέν, τί οὗτοί σου καταμαρτυροῦσιν; ὁ δὲ ἐσιώπα καὶ οὐκ ἀπεκρίνατο
οὐδέν.

ἀναστὰς *(Nom Sg Mask des Part Wurzelaorist von* ἀνίσταμαι*):* aufstehen, sich er-
heben; (τὸ) **μέσον:** die Mitte; **ἐπηρώτησεν** *(Ind Aor Akt von* ἐπερωτάω*)* :
fragen; **ἀποκρίνῃ:** *2 Pers Sg Ind Dur Akt von* ἀποκρίνομαι; **οὐδὲν:** *verstärkt hier als
zweisilbige Negation das vorangegangene* οὐκ; **τί**: *steht hier anstelle eines Relativpronomens;*
καταμαρτυροῦσιν *(3 Pers Pl Ind Dur Akt von* καταμαρτυρέω, *verbunden mit Genetiv):*
Zeugnis ablegen gegen...; **ὁ δὲ:** dieser aber *(der Artikel hat hier noch die
ursprüngliche Funktion als Demonstrativpronomen, § 42.1);* **ἐσιώπα** *(3 Pers Sg Impf Akt von*
σιωπάω, < ἐσιώπα-ε)*:* schweigen; **ἀπεκρίνατο:** *3 Pers Sg Ind Aor Med, § 33.4.*

Woche 42: Die Schuld des Schuldfreien

Platon, Apologie 36d:

Sokrates spricht: Εἰ οὖν δεῖ με κατὰ τὸ δίκαιον τῆς ἀξίας τιμᾶσθαι, τούτου τιμῶμαι, ἐν πρυτανείῳ σιτήσεως.

με *(Akk von ἐγώ):* Subjektsakkusativ des ACI, der von **δεῖ** *abhängig ist;* **κατὰ τὸ δίκαιον:** gemäss der Rechtsbestimmung *(nach den Gepflogenheiten im alten Athen verteidigte sich ein Angeklagter jeweils selber; nachdem die Gegner die Todesstrafe beantragt haben, muss nun Sokrates einen Gegenantrag stellen);* **τῆς ἀξίας <τιμῆς>** *(Gen Sg, abhängig von τιμᾶσθαι):* die angemessene Ehre/Strafe; **τιμᾶσθαι** *(Inf Dur Med):* . . .*(Genetiv)* als Strafe beantragen; **τιμῶμαι:** *1 Pers Sg Ind Dur Med;* **πρυτανείῳ** *(Dat Sg):* das Rathaus *(ein Rundbau auf der Agora von Athen, in dem die Ratsherren auch speisten);* **σιτήσεως** *(Gen Sg von σίτησις):* Speisung *(gemeint ist die ständige Teilnahme am Bankett der Ratsherren, vorbehalten den Ehrengästen der Stadt Athen und solchen, die für die Stadt höchste Ehre eingelegt hatten).*

Hinweis: Mit diesem Antrag zog sich Sokrates die endgültige Verurteilung zum Tode zu, auch bei den ihm noch Wohlgesinnten. Die Speisung im Rathaus ist möglicherweise eine (künstlerisch bedingte) Erfindung Platons, aber deren ontologischer Sinn ist klar: Der Schuldfreie kann nur dann verurteilt werden, wenn er und weil er selber enthüllt, was er ist.

Markus 14, 61-62:

Πάλιν ὁ ἀρχιερεὺς ἐπηρώτα αὐτὸν καὶ λέγει αὐτῷ, Σὺ εἶ ὁ χριστὸς ὁ υἱὸς τοῦ εὐλογητοῦ; ὁ δε'' Ἰησοῦς εἶπεν, ' Ἐγώ εἰμι, καὶ ὄψεσθε τὸν υἱὸν τοῦ ἀνθρώπου ἐκ δεξιῶν καθήμενον τῆς δυνάμεως καὶ ἐρχόμενον μετὰ τῶν νεφελῶν τοῦ οὐρανοῦ.[11]

ἐπηρώτα: *3 Pers Sg Impf Akt von ἐπερωτάω, < ἐπηρώτα-ε* **χριστὸς**: der Gesalbte, (aramäisch) der Messias *(der Artikel bezeichnet die totale Identität von σὺ und χριστός)*; **εὐλογητοῦ** *(Gen Sg von εὐλόγητος)*: der Gesegnete *(im späteren Judentum beliebte Umschreibung für Gott)*; **ὄψεσθε** *(2 Pers Pl Ind Fut Med)*: sehen werden *(das Medium ist gleich dem Aktiv, § 49.5)*; **ἐκ** *(Präposition mit Genetiv)*: 1. aus...heraus, 2. (zugehörig) zu; **δεξιῶν** *(Gen Pl Neutr zu τὰ δεξιὰ)*: die rechte Seite; **καθήμενον** *(Part zu κάθημαι, § 40.5)*: sitzen *(das Sitzen zur rechten Seite soll die grosse Nähe zum Ausdruck bringen)*; **δυνάμεως** *(Gen Sg von δύναμις)*: Kraft *(im späteren Judentum eine weitere beliebte Umschreibung für Gott)*; **ἐρχόμενον**: *Part Dur Med zu ἔρχομαι*; **μετὰ** *(Präpositon mit Genetiv)*: mit, in Begleitung von; **νεφελῶν** *(Gen Pl von νεφέλη)*: Wolke *(im AT Zeichen der Theophanie)*.

Hinweis: Die Frage des Hohepriesters ist völlig unhistorisch, denn das Judentum verfolgte niemanden, der sich als Messias ausgab (der Messias wurde ja gerade sehnlichst erwartet), ausserdem war Gottessohn kein jüdischer Messiastitel. Die Frage und die Antwort Jesu sind nur verständlich aus der Sicht der späteren christlichen Gemeinde, die sich vom Judentum bereits getrennt hatte: sie legte Jesus ihr eigenes Bekenntnis in den Mund, wegen dem sie ja auch selbst verfolgt wurde; im Munde von Jesus erhält der Satz nun einen ontologischen Sinn.

---

[11]das kursiv Gedruckte ist Zitat aus Daniel 7,13 und Psalm 109,1 LXX.

Woche 43: Das Urteil über den Schuldfreien

Platon, Laches 187e + 188b:

Nikias spricht: ὅς ἂν ἐγγύτατα Σωκράτους ᾖ, ἀνάγκη αὐτῷ (ἔσται), μὴ παύεσθαι διαλεγόμενος, πρὶν ἂν ἐμπέσῃ εἰς τὸ διδόναι περὶ αὐτοῦ λόγον, ὅντινα τρόπον νῦν τε ζῇ καὶ ὅντινα τὸν παρεληλυθότα βίον βεβίωκεν. ἐμοὶ δ᾽ οὖν οὐδὲν ἀηθὲς οὐδ᾽ αὖ ἀηδὲς ὑπὸ Σωκράτους βασανίζεσθαι, ἀλλ᾽ ἡμῖν ὁ λόγος ἔσται Σωκράτους παρόντος ἀεὶ περὶ ἡμῶν αὐτῶν.

ἐγγύτατα *(Adv mit Genetiv):* ganz in der Nähe von..; Σωκράτους: *Gen Sg;* παύεσθαι *(Inf Dur Med, verbunden mit Partizip):* aufhören mit, ablassen von; διαλεγόμενος *(Part Dur Med):* sich unterreden, besprechen, sich unterhalten; πρὶν ἄν *(mit Konjunktiv, sog. Eventualis § 53.1):* bevor; ἐμπέσῃ *(3 Pers Sg Konj Aor II Akt von ἐμπίπτω):* hineinfallen *(der Aorist meint das Definitive);* διδόναι... λόγον: Rechenschaft ablegen über..; αὐτοῦ = ἑαυτοῦ *(Gen Sg des Reflexivpronomens der dritten Person):* von sich selbst; ὅντινα τρόπον *(Akk der Beziehung):* auf welche (Art und) Weise; ζῇ: *3 Pers Sg Ind Dur Akt von ζάω;* παρεληλυθότα *(Akk Sg Mask Part Perf II Akt von παρέρχομαι, § 27.3 I):* vergangen, verflossen; βεβίωκεν *(3 Pers Sg Ind Perf Akt von βιόω):* leben; ἀηθες *(Nom Sg Neutr):* ungewohnt, ungewöhnlich; αὖ: andererseits; ἀηδές: unangenehm; βασανίζεσθαι *(Inf Dur Pass von βασανίζω):* (die Echtheit) prüfen; λόγος: Wort, Rede, Gespräch, Unterhaltung; παρόντος *(Gen Sg Mask von παρών):* anwesend; παρόντος *bildet zusammen mit* Σωκράτους *einen genetivus absolutus, § 56.5, der im Deutschen einem Nebensatz entspricht (z.B.: wenn...; weil...).*

Johannes 3,17 + 18:

Οὐ γὰρ ἀπέστειλεν ὁ θεὸς τὸν υἱὸν εἰς τὸν κόσμον ἵνα κρίνῃ τὸν κόσμον, ἀλλ' ἵνα σωθῇ ὁ κόσμος δι' αὐτοῦ. ὁ πιστεύων εἰς αὐτὸν οὐ κρίνεται· ὁ δὲ μὴ πιστεύων ἤδη κέκριται. αὕτη δέ ἐστιν ἡ κρίσις, ὅτι τὸ φῶς ἐλήλυθεν εἰς τὸν κόσμον.

ἀπέστειλεν *(3 Pers Sg Ind Aor Akt, § 33.4, von ἀποστέλλω):* (mit einem Auftrag) abordnen, aussenden; **κρίνῃ** *(3 Pers Sg Konj Aor Akt, § 33.4, von κρίνω):* scheiden, sichten, beurteilen, richten; **σωθῇ**: *3 Pers Sg Konj Aor Pass von σώζω (der Aorist bezeichnet bei beiden Verben das Endgültige oder Definitive);* **κρίνεται**: *3 Pers Sg Ind Dur Pass;* **ἤδη**: bereits, schon; **κέκριται**: *3 Pers Sg Ind Perf Pass;* **κρίσις**: (End-)Gericht; **ἐλήλυθεν**: *3 Pers Sg Ind Perf II Akt von ἔρχομαι, § 27.3 I.*

Sinn: An der Person, und nicht an der Lehre entscheidet sich das Urteil für und wider Jesus, und zugleich ist dieses Urteil nicht ein Urteil über ihn, sondern über den Urteilenden selbst.

Woche 44: Unrecht tun - Unrecht leiden

Platon, Gorgias 469c:

Sokrates spricht: εἰ δ' ἀναγκαῖον εἴη ἀδικεῖν ἢ ἀδικεῖσθαι, ἑλοίμην ἂν μᾶλλον ἀδικεῖσθαι ἢ ἀδικεῖν.

ἀναγκαῖον *(Nom Sg Neutr):* notwendig; εἴη *(3 Pers Sg Opt von* εἶναι *): der Optativ bezeichnet - im Nebensatz ohne, im Hauptsatz mit* ἂν *- die reine Möglichkeit; im Deutschen steht dafür der Indikativ mit dem Zusatz* 'etwa, wohl, vielleicht' *;* ἀδικεῖσθαι *(Inf Dur Pass):* Unrecht erleiden; ἑλοίμην: *1 Pers Sg Opt Aor II Med von* αἱρέομαι

Hinweis: 1. Mit grosser Wahrscheinlichkeit geht der Satz auf den historischen Sokrates selber zurück, da er ihn mit seinem Tod bezeugte: nach dem Todesurteil boten die Athener ihm die Möglichkeit zur Flucht (ins Exil) an, die Sokrates aber bewusst ausschlug.
2. Der Satz bedeutet in positiver Formulierung: **Recht geniessen ist gut, Recht schenken ist besser.** Erst durch diese Umwertung wird mein Handeln zur ethischen Tat, weil es nun nicht mehr auf Dinge, sondern auf die Person gerichtet ist. Platon macht damit klar, dass erst mit diesem Satz die Ethik überhaupt beginnt.

Lukas 6, 29-30:

Τῷ τύπτοντί σε ἐπὶ τὴν σιαγόνα πάρεχε καὶ τὴν ἄλλην, καὶ ἀπὸ τοῦ αἴροντός σου τὸ ἱμάτιον καὶ τὸν χιτῶνα μὴ κωλύσῃς. παντὶ αἰτοῦντί σε δίδου, καὶ ἀπὸ τοῦ αἴροντος τὰ σὰ μὴ ἀπαίτει.

τύπτοντι *(Dat Sg Mask des part Dur Akt von τύπτω):* schlagen; **σιαγόνα** *(Akk Sg von ἡ σιαγών):* Kinnbacken, Kinnlade *(Der Schlag auf den Kinnbacken war nach jüdischer Auffassung äusserst schimpflich, besonders wenn er mit dem rechten Handrücken ausgeführt wurde, vgl Mth 5,39);* **πάρεχε** *(2 Pers Imp Dur Akt von παρέχω):* darreichen, gewähren; **ἀπὸ** *(Präposition mit Genetiv):* von...weg; **αἴροντος** *(Gen Sg Mask des Part Dur Akt von αἴρω):* wegnehmen, stehlen; **σου:** *gehört zu den beiden folgenden Akkusativobjekten und steht betont voran;* **τὸ ἱμάτιον:** Obergewand, Mantel; **ὁ χιτών:** Untergewand, 'Leibwäsche' *(Im Altertum waren Kleiderdiebstähle häufig, da die Gewänder nicht massgeschneidert waren und daher vielfältig verwendet werden konnten.);* **κωλύσῃς** *(2 Pers Sg Konj Aor I Akt von κωλύω; der Konjunktiv bezeichnet hier zusammen mit dem μή ein Verbot, § 52.2):* jemandem (= ἀπὸ) etwas verweigern, versagen; **αἰτοῦντι** *(Dat Sg Mask des Part Dur Akt von αἰτέω):* (als seinen Anteil beanspruchen): fordern, bitten; **δίδου** *(2 Pers Sg Dur Akt von δίδωμι):* geben; **τὰ σὰ:** deine Dinge, dein Eigentum; **ἀπαίτει** *(2 Pers Sg Imp Dur Akt von ἀπαιτέω):* zurückfordern.

Hinweis: Die Imperative stehen hier alle im Durativ und bezeichnen einen allgemeinen Befehl; die von Lukas geforderte Haltung ist daher eine lebenslange Haltung des Christen, nicht bloss ein Entscheid von Fall zu Fall.

Woche 45: Der Lohn des Schuldfreien

Platon, Staat 613a:
Οὕτως ὑποληπτέον περὶ τοῦ δικαίου ἀνδρός, ἐάντ᾽ ἐν πενίᾳ γίγνηται ἐάντ᾽ ἐν νόσοις ἤ τινι ἄλλῳ τῶν δοκούντων κακῶν, ὡς τούτῳ ταῦτα εἰς ἀγαθόν τι τελευτήσει ζῶντι ἤ καὶ ἀποθανόντι.

ὑποληπτέον (ἐστὶν) : *(Verbaladjektiv II, § 58.2 von ὑπολαμβάνω)* man muss vermuten; **ἀνδρός**: *Gen Sg von ἀνήρ;* **ἐάντ(ε)** - **ἐάντ(ε)** *(mit Konjunktiv als Eventualis, § 53.1):* sei es, dass - sei es, dass; **γίγνηται**: *3 Pers Sg Konj Dur Med von γίγνομαι = γίνομαι;* **νόσοις** *(Dat Pl von ἡ νόσος):* Krankheit; **δοκούντων** *(Gen Pl Neutr des Part Dur Akt von δοκέω):* scheinen, dafür gelten; **ὡς**: dass; **ἀγαθόν**: *Akk Sg Neutr;* **τι** *(enklitisch):* irgendein; **τελευτήσει** *(3 Pers Sg Ind Fut Akt von τελευτάω):* zu Ende gehen, enden; **ζῶντι**: *Dat Sg Mask des Part Dur Akt von ζάω;* **ἀποθανόντι**: *Dat Sg Mask des Part Aor II Akt von ἀποθνῄσκω.*

Matthäus 5,11-12:

Μακάριοί έστε, όταν ονειδίσωσιν ύμας και διώξωσιν και είπωσιν παν πονηρον
καθ᾿ ύμων· χαίρετε και άγαλλιασθε, ότι ο μισθος ύμων πολυς εν τοις ουρανοις·
ούτως γαρ εδίωξαν τους προφήτας τους προ ύμων.

όταν *(mit Konjunktiv als Eventualis, § 53.1):* wenn *(im zeitlichen Sinn);* **ονειδίσωσιν** *(3 Pers
Pl Konj Aor Akt von ονειδίζω):* Anklage erheben, schimpfen, schelten,
schmähen *(der Aorist meint den konkreten Fall);* **διώξωσιν:** *Konj Aor Akt von διώκω;*
είπωσιν: *Konj Aor II Akt von είπον zu λέγω;* **παν** *(Akk Sg Neutr):* jedes; **καθ᾿** =
κατα *(hier mit Genetiv);* **χαίρετε:** 2 Pers Pl Imp Dur Akt von χαίρω; *das Durativ meint die
Gegenwart* ('jetzt'); **άγαλλιασθε** *(2 Pers Pl Imp Dur Med von άγαλλιάομαι):*
jubeln; **μισθος:** Lohn; **πολυς** *(Nom Sg Mask):* viel, 'gross'; **εν τοις
ουρανοις:** *meint in semitischer Weise soviel wie* 'bei Gott'; **ούτως:** *begründet den
Anfangssatz;* **γαρ:** *begründet den zweiten Satz (χαίρετε....);* **εδίωξαν:** 3 Pers Pl Ind Aor
Akt von διώκω; **προφήτας** *(Akk Pl):* einer, der den Willen Gottes verkündet;
προ *(Präposition mit Genetiv):* vor *(räumlich oder zeitlich);* **τους προ ύμων:** *die Wendung
zeigt, dass auch die Christen (!!) in die Reihe der Propheten gehören.*

Woche 46: Auferstehung

Platon, Apologie 39 c:

Sokrates spricht: νῦν τοῦτο εἴργασθε οἰόμενοι μὲν ἀπαλλάξεσθαι τοῦ διδόναι ἔλεγχον τοῦ βίου, τὸ δὲ ὑμῖν πολὺ ἐναντίον ἀποβήσεται, ὡς ἐγώ φημι. πλείους ἔσονται ὑμᾶς οἱ ἐλέγχοντες, οὓς νῦν ἐγὼ κατεῖχον, ὑμεῖς δὲ οὐκ ἠσθάνεσθε· καὶ χαλεπώτεροι ἔσονται ὅσῳ νεώτεροί εἰσιν, καὶ ὑμεῖς μᾶλλον ἀγανακτήσετε. εἰ γὰρ οἴεσθε ἀποκτείνοντες ἀνθρώπους ἐπισχήσειν τοῦ ὀνειδίζειν τινὰ ὑμῖν ὅτι οὐκ ὀρθῶς ζῆτε, οὐ καλῶς διανοεῖσθε.

τοῦτο: *nämlich die Verurteilung zum Tode;* εἴργασθε *(2 Pers Pl Ind Perf Med von ἐργάζεσ- θαι): das Perfekt bezeichnet die Nachwirkung am Subjekt, d.h. an den Athenern;* οἰόμενοι: *Nom Pl Mask des Part Dur Med von οἴομαι;* ἀπαλλάξεσθαι *(Inf Fut Med von ἀπαλλάσσο- μαι):* sich befreien von *(griechisch Genetiv);* διδόναι ἔλεγχον: Rechenschaft ablegen über..; βίου */Gen Sg):* Lebensführung, Lebensgestaltung; τὸ δὲ: dieses aber; ἐναντίον *(Nom Sg Neutr):* entgegengesetzt, umgekehrt; ἀποβήσεται *(3 Pers Sg Ind Fut Med von ἀποβαίνω):* ablaufen, ausgehen, sich erweisen, werden *(Medium = Aktiv, § 40.1);* πλείους *(Nom Pl Mask des Komparativs, § 15.4 + 5):* mehrere *(als nur einer wie Sokrates);* ἔσονται: *3 Pers Pl Fut Med von εἰμί;* ἐλέγχοντες *(Nom Pl Mask des Part Dur Akt von ἐλέγχω):* überführen, zur Rechen- schaft ziehen, ausfragen; κατεῖχον: *1 Pers Sg Impf Akt von κατέχω;* ἠσθάνεσθε *(2 Pers Pl Impf Med, Deponens):* wahrnehmen, bemerken; χαλεπώτεροι *(Komparativ zu χαλεπός):* beschwerlich, unangenehm, feindlich, hart, erbit- tert, bösartig; ὅσῳ: um wieviel *(dativus mensurae, § 47);* ἀγανακτήσετε *(2 Pers Pl Ind Fut Akt von ἀγανακτέω):* unwillig sein, empört sein; οἴεσθε: *2 Pers Pl Ind Dur Akt von οἴομαι;* ἀποκτείνοντες *(Nom Pl Mask des Part Dur Akt von ἀποκτείνω):* töten; ἐπισχήσειν *(Inf Fut Akt von ἐπέχω):* hindern an *(mit Genetiv);* τινὰ *(Akk Sg Mask von τὶς):* Subjektsakkusativ zum Infinitiv ὀνειδίζειν; ὑμῖν: *abhängig von ὀνειδίζειν;* ὀρθῶς *(Adv):* richtig; ζῆτε: *2 Pers Pl Ind Dur Akt zu ζάω;* καλῶς *(Adv):* richtig, passend, recht; διανοεῖσθε *(2 Pers Pl Ind Dur Med zu διανοέομαι):* sich etwas durch den Sinn gehen lassen = (nach)denken, überlegen.

Paulus (1 Kor 15,14):

Εἰ δὲ Χριστὸς οὐκ ἐγήγερται, κενὸν ἄρα καὶ τὸ κήρυγμα ἡμῶν, κενὴ καὶ ἡ πίστις ὑμῶν.

ἐγήγερται *(3 Pers Sg Ind Perf Pass von ἐγείρω):* (auf)wecken, auferwecken *(das Perfekt bezeichnet die Nachwirkung am Subjekt [Christus] und am Objekt [die Christen]);* **κενόν**: leer, nichtig; **κήρυγμα**: das Verkündete, die Predigt.

Sinn: Die Auferstehung Christi kann nicht isoliert für sich betrachtet werden, sie ist untrennbar verbunden mit dem Heilsgeschehen an den Glaubenden. Das bedeutet: sie ist erst dann von mir geglaubt, wenn sie als Heilsgeschehen an mir selbst erfasst ist. Der Glaube ist so untrennbar verbunden mit dem Verstehen seiner selbst. Wer die Auferstehung bestreitet, hebt die Voraussetzung seiner eigenen Existenz (als neue Kreatur) auf: das Kerygma und den Glauben. Auferstehung heisst somit: Die Sache Jesu geht weiter.

Hinweis: Man ersetze im Satz von Paulus Christus durch Sokrates, Predigt durch Lehre und Glaube durch Wissen und überlege, ob die Aussage von Paulus immer noch gilt!

Woche 47: Umkehr

Platon, Staat 518c:

Ταύτην τὴν δύναμιν ἐν τῇ ψυχῇ σὺν ὅλῃ τῇ ψυχῇ ἐκ τοῦ γιγνομένου περιακτέον ἐστίν, ἕως ἂν εἰς τὸ ὂν καὶ τοῦ ὄντος τὸ φανότατον δυνατὴ γένηται ἀνασχέσθαι θεωμένη· τοῦτο δ' εἶναί φαμεν τἀγαθόν.

ταύτην: *Akk Sg Fem von* οὗτος; **δύναμιν** *(Akk Sg):* Kraft/ Fähigkeit *(erzogen oder gebildet zu werden);* **σὺν** *(Präposition mit Dativ):* (in enger Verbindung) mit..; **γιγνομένου** *(Gen Sg Neutr des Part Dur Med zu* γίγνομαι*):* werden, entstehen ; **περιακτέον** *(Verbaladjektiv II, § 58.2 von* περιάγω*):* man muss herumführen, umwenden, umlenken; **ἕως** *(+* ἂν *mit Konjunktiv im Sinne des Eventualis, § 53.1):* solange bis; **εἰς τὸ ὄν**: *abhängig von* θεωμένη; **τὸ ὄν** *(§ 12.3):* das Seiende; **τὸ φανότατον**: *Superlativ von* φανός: leuchtend, glänzend, strahlend *(abhängig als Akkusativ von* ἀνασχέσθαι*);* **δυνατὴ** *(bezogen auf* δύναμις*):* fähig, imstande; **ἀνασχέσθαι** *(Inf Aor II von* ἀνέχομαι*):* aushalten, ertragen *(der Aorist betont die Handlung an sich);* **θεωμένη**: *Nom Sg Fem des Part Dur Akt von* θεάομαι; **τοῦτο**: *bezogen auf τὸ φανότατον;* **φαμεν**: *1 Pers Pl Ind Dur von* φημί; **τἀγαθόν**: *Krasis (§ 3.5) von* τὸ *und* ἀγαθόν.

(Die verschlungene Konstruktion des Schlusses ist künstlerisches Sinnbild für die Schwierigkeit der Umkehr.)

Hinweis: "Die Tragik des Menschen ist die des Verhungernden, der an der gedeckten Tafel sitzt und die Hand nicht ausstreckt, weil er nicht sieht, was vor ihm ist. Denn die wirkliche Welt ist unerschöpflich an Fülle, das wirkliche Leben ist wertgetränkt und überströmend, und wo wir es fassen, da ist es voller Wunder und Herrlichkeit." (Nicolai Hartmann in seiner Einleitung zu Ethik)

Lukas 5, 32:

Οὐκ ἐλήλυθα καλέσαι δικαίους, ἀλλὰ ἁμαρτωλοὺς εἰς μετάνοιαν.

ἐλήλυθα: *1 Pers Sg Ind Perf II Akt von* ἔρχομαι, *§ 27.3 I.;* καλέσαι: *Inf Aor Akt von* καλέω; δικαίους: *Akk Pl Mask;* ἁμαρτολοὺς: wer sich gegen Gott auflehnt, mit ihm gebrochen hat und so verfehlt lebt; 'sündig'; μετάνοιαν *(Akk Sg):* Reue, Umkehr.

Woche 48: Erwählung

Platon, Phaidon 69d:

Ναρθηκοφόροι μὲν πολλοί, βάκχοι δέ τε παῦροι.

ναρθηκοφόροι: *solche, die einen Stab (aus dem Holz der Narthex) tragen, und zwar als Teilnehmer am Bacchuskult, also etwa:* Bacchusstabträger; **βάκχοι**: Bacchusverehrer, Bacchanten; **παῦροι**: wenige.

Matthäus 22,14:

Πολλοὶ γάρ εἰσιν κλητοί, ὀλίγοι δὲ ἐκλεκτοί.

ὀλίγοι: wenige; ἐκλεκτοί *(Verbaladjektiv I, § 58.1, von ἐκλέγω):* ausgewählt, auserlesen.

Hinweis: "Weil die Synthese in der wissenschaftlichen Schau eine Anforderung ist, die weit über das Durchschnittsmass menschlichen Könnens geht, so gilt in der Wissenschaft der Satz: wenige sind auserwählet. Weil sie aber auf ihren Teilgebieten unübersehbar verzweigter Spezialarbeit bedarf, so zieht sie im Masse ihrer Verzweigung immer mehr Köpfe an sich, als der Synthese fähig sind. Diese der Synthese unfähigen Köpfe, deren sie nicht entraten kann, die aber im Hinblick auf das Ganze nur ein begrifflich-formales Wissen haben, sind es, die den Sinn der Wissenschaft entheiligt und ihr inhaltliches Gebäude dem Lebenszusammenhang entfremdet haben. Dieser Zustand ist in ihr selbst zwar nicht aufhebbar, wohl aber gibt es in ihr ein Gegengewicht gegen ihn, die Philosophie. Dauernde Aufgabe der Philosophie ist es, das Gewissen der Wissenschaft zu sein und immer wieder zur lebendigen Ueberschau zurückzuführen."

(Nicolai Hartmann in der Grundlegung zur Ontologie)

Woche 49: Erleuchtung

Platon, Parmenides 156 d:

Ἡ ἐξαίφνης φύσις ἄτοπός τις ἐγκάθηται μεταξὺ τῆς κινήσεώς τε καὶ στάσεως, ἐν χρόνῳ οὐδενὶ οὖσα, καὶ εἰς ταύτην δὴ καὶ ἐκ ταύτης τό τε κινούμενον μεταβάλλει ἐπὶ τὸ ἑστάναι καὶ τὸ ἑστὸς ἐπὶ τὸ κινεῖσθαι.

ἐξαίφνης *(Adv):* jählings, plötzlich, unvermutet; **ἡ ἐξαίφνης φύσις**: das Wesen des Plötzlichen; **ἄτοπος**: *(nicht an seiner Stelle)* ungewöhnlich, auffallend; sonderbar, wunderlich, verkehrt, widersinnig; **τις** *(unbetont):* etwas, gewissermassen, ziemlich, gar; **ἐγκάθηται** *(3 Pers Sg Ind Wurzelpräsens Med, § 40.5, Deponens):* darin sitzen; **μεταξὺ** *(Präposition mit Gen):* zwischen; **κινήσεως** *(Gen Sg von ἡ κίνησις):* Bewegung; **στάσεως**: das Stehen, Stillstehen, Ruhe; **χρόνῳ** *(Dat Sg):* Zeit; **οὐδενὶ**: *Dat Sg von οὐδείς (§ 12.2.4);* **οὖσα**: *Nom Sg Fem von ὤν;* **ταύτην / ταύτης**: *Akk Sg Fem / Gen Sg Fem von αὕτη (bezogen auf ἡ ἐξαίφνης φύσις);* **δὴ**: also; **κινούμενον** *(Akk Sg Neutr des Part Dur Med von κινέω):* bewegen, *medial:* sich bewegen; **μεταβάλλει** *(3 Pers Sg Ind Dur Akt von μεταβάλλω):* etw verändern; **ἑστάναι** *(Inf Wurzelperfekt Akt, § 41.2):* stehen; **ἑστὸς** *(Akk Sg Part Wurzelperfekt Akt):* das, was steht; **κινεῖσθαι**: *Inf Dur Med.*

Sinn: Das Plötzliche/Unvermutete (bei Goethe: der Augenblick) ist nach Platon das notwendige Band zwischen der Bewegung und dem Stillstand.

Betrachtung der Zeit

Mein sind die Jahre nicht, die mir die Zeit genommen;
Mein sind die Jahre nicht, die etwa möchten kommen;
Der Augenblick ist mein, und nehm ich den in Acht,
So ist der mein, der Jahr und Ewigkeit gemacht.

Andreas Gryphius (1616 - 1664)

Lukas, Apg 9, 3-5:

' Εν δὲ τῷ πορεύεσθαι ἐγένετο αὐτὸν ἐγγίζειν τῇ Δαμασκῷ, ἐξαίφνης τε αὐτὸν περιήστραψεν φῶς ἐκ τοῦ οὐρανοῦ, καὶ πεσὼν ἐπὶ τὴν γῆν ἤκουσεν φωνὴν λέγουσαν αὐτῷ· Σαοὺλ Σαούλ, τί με διώκεις; εἶπεν δέ· τίς εἶ, κύριε; ὁ δέ· ' Εγώ εἰμι ' Ιησοῦς, ὃν σὺ διώκεις· ἀλλὰ ἀνάστηθι καὶ εἴσελθε εἰς τὴν πόλιν, καὶ λαληθήσεταί σοι ὅτι σε δεῖ ποιεῖν.

πορεύεσθαι: *Inf Dur Med zu* πορεύομαι; **ἐγένετο** *(3 Pers Sg Ind Aor II Med von* γίνομαι): es geschah; **αὐτὸν**: *Subjektsakkusativ des ACI, der von* ἐγένετο *abhängig ist;* **ἐγγίζειν** *(Inf Dur Akt):* sich nähern; **περιήστραψεν** *(3 Pers Sg Ind Aor Akt von* περιαστράπτω *umblitzen):* umleuchten; **φῶς**: *ist hier Kennzeichen der Theophanie;* **πεσὼν** *(Nom Sg Mask des Part Aor II Akt zu* πίπτω): fallen; **ἤκουσεν**: *3 Pers Sg Ind Aor Akt von* ἀκούω; **φωνήν** *(Akk Sg):* Stimme; **λέγουσαν**: *Akk Sg Fem des Part Dur Akt von* λέγω; **κύριε** *(Vok Sg von* κύριος): Herr; **ὃν**: *Akk Sg Mask des Relativpronomens;* **ἀνάστηθι**: *2 Pers Sg Imp des Wurzelaorists von* ἀνίσταμαι; **εἴσελθε**: *2 Pers Sg Imp Aor II Akt von* εἰσ-έρχομαι; **λαληθήσεται**: *3 Pers Sg Ind Fut Pass von* λαλέω; **σε**: *Subjektsakkusativ des ACI, der von* δεῖ *abhängig ist.*

Woche 50: Der Ort der Wahrheit

Platon, Staat 509b:

Τοῖς γιγνωσκομένοις οὐ μόνον τὸ γιγνώσκεσθαι ὑπὸ τοῦ ἀγαθοῦ πάρεστιν, ἀλλὰ καὶ τὸ εἶναί τε καὶ ἡ οὐσία ὑπ' ἐκείνου αὐτοῖς πρόσεστιν, οὐκ οὐσίας ὄντος τοῦ ἀγαθοῦ, ἀλλ' ἔτι ἐπέκεινα τῆς οὐσίας πρεσβείᾳ καὶ δυνάμει ὑπερέχοντος.

τοῖς γιγνωσκομένοις *(Dat Pl Neutr):* die Dinge, die erkannt werden; **τὸ γιγνώσκεσθαι:** *Inf Dur Pass;* **πάρεστιν:** anwesend sein, vorhanden sein, zu Gebote stehen; **ἡ οὐσία:** das Wesen *(einer Sache, durch das sie ist, was sie gerade ist);* **ἐκείνου:** *Gen Sg von ἐκεῖνος;* **πρόσεστιν:** dabei sein, eigen sein, verbunden sein; **ὄντος:** *bildet zusammen mit τοῦ ἀγαθοῦ einen genetivus absolutus, § 56.5, der im Deutschen einem Nebensatz entspricht (z.B.: während...; weil...; indem...);* **ἐπέκεινα** *(Präposition mit Genetiv):* auf der anderen Seite von...; hinter etw, jenseits von etw; **πρεσβείᾳ** *(Dat Sg von πρεσβείᾳ):* das Recht des Älteren, Vorrang des Älteren, Würde *(des Alters);* **δυνάμει:** *Dat Sg von δύναμις;* **ὑπερέχοντος** *(Gen Sg Neutr des Part Dur Akt von ὑπερέχω, zu beziehen auf τοῦ ἀγαθοῦ):* hervor-, heraus-, überragen.

Hinweis: Das Gute ist nicht das ganz Andere - denn sonst wäre es unerfahrbar - , sondern überragt die Welt wie "der Herrscher über dem Volk, nicht ausserhalb des Volkes steht" (E. Hoffmann).

Johannes, 18,36 + 37:

῾Η βασιλεία ἡ ἐμὴ οὐκ ἔστιν ἐκ τοῦ κόσμου τούτου. ἐγὼ εἰς τοῦτο γεγέννημαι καὶ εἰς τοῦτο ἐλήλυθα εἰς τὸν κόσμον, ἵνα μαρτυρήσω τῇ ἀληθείᾳ· πᾶς ὁ ὢν ἐκ τῆς ἀληθείας ἀκούει μου τῆς φωνῆς.

ἐμὴ *(Nom Sg Fem von ἐμός):* mein *(betont);* **τοῦτο:** *weist auf das folgende ἵνα;* **γεγέννημαι:** *1 Pers Sg Ind Perf Pass von γεννάω;* **ἐλήλυθα:** *1 Pers Sg Ind Perf II Akt von ἔρχομαι, § 27.3 I);* **μαρτυρήσω** *(1 Pers Sg Konj Aor Akt von μαρτυρέω):* Zeugnis ablegen für *(Dativ);* **ἀληθείᾳ:** *man beachte auch hier die dreifache Bedeutung dieses Wortes;* **μου:** *steht hier betont voran.*

Sinn: Die Wahrheit ist zwar in dieser Welt, nicht aber aus dieser Welt.

Woche 51: Schenkende Tugend

Platon, Timaios 29d:

Λέγωμων δὴ, δι' ἥντινα αἰτίαν γένεσιν καὶ τὸ πᾶν τόδε ὁ συνιστὰς συνέστησεν. ἀγαθὸς ἦν, ἀγαθῷ δὲ οὐδεὶς περὶ οὐδενὸς οὐδέποτε ἐγγίγνεται φθόνος· τούτου δ' ἐκτὸς ὢν πάντα ὅτι μάλιστα ἐβουλήθη γενέσθαι παραπλήσια ἑαυτῷ.

λέγωμεν *(1 Pers Pl Konj Dur Akt als Adhortativ, § 52.1):* Lasst uns...! **ἥντινα** *(Akk Sg Fem des indirekten Fragepronomens ὅστις, § 17.6):* welcher; **αἰτίαν** *(Akk Sg):* Grund, Ursache; **γένεσιν** *(Akk Sg):* das Werden, das Entstandene; **τὸ πᾶν τόδε:** dieses Ganze; **συνιστὰς** *(Nom Sg Mask des Part Dur Akt von συνίστημι):* zusammenstellen, gründen; **συνέστησεν:** *3 Pers Sg Ind Aor Akt;* **οὐδενὸς:** *verstärkt hier das vorangegangene οὐδεὶς und ist deshalb positiv zu verstehen:* irgendetwas; **οὐδέποτε:** *ist ebenfalls verstärkend und positiv zu verstehen:* jemals, irgendwann; **ἐγγίγνεται** *(verbunden mit Dativ):* in jem entstehen; **φθόνος:** Neid; **ἐκτὸς** *(Präposition mit Genetiv):* ausserhalb von...; **ὅτι μάλιστα:** so sehr als möglich; **ἐβουλήθη** *(3 Pers Sg Ind Aor Pass von βούλομαι, Deponens):* wünschen, beschliessen *(verbunden mit ACI);* **γενέσθαι:** *Inf Aor II Med von γίγνομαι;* **παραπλήσια** *(Akk Pl Neutr):* nahekommend, ziemlich/fast gleich, ähnlich; **ἑαυτῷ** *(Dat Sg Neutr des Reflexivpronomens der dritten Person, bezogen auf das übergeordnete Subjekt):* ihm selbst.

Es liegt im Wesen des Schenkens im Unterschied zum Geben, dass der Schenkende nicht fortgibt, nicht ärmer wird, sondern selbst als Beschenkter dasteht. Schenkende Tugend ist das Leben der geistigen Fülle, das machtvolle Ueberströmen, die Fähigkeit des Anteilgebens, des Reichmachens, des Ueberschüttens; dazu die Freude am Ueberschütten und am geistigen Wachstum des Beschenkten.
Der Schenkende strömt einfach über - aus der Fülle. Er gehorcht damit dem Grundgesetz des geistigen Seins, stellt sich in seinen Dienst, ein getreuer Verwalter. Gegen dieses hohe Gesetz tritt er mit seiner Person zurück. Ihm lebt er. Und ebendamit lebt er im eminenten Sinn für den Nehmenden.   (Nicolai Hartmann)

Paulus (an die Römer 10, 11+12):

Πᾶς ὁ πιστεύων ἐπ᾽ αὐτῷ οὐ καταισχυνθήσεται. οὐ γάρ ἐστιν διαστολὴ ᾽Ιουδαίου τε καὶ ῞Ελληνος, ὁ γὰρ αὐτὸς κύριος πάντων, πλουτῶν εἰς πάντας τοὺς ἐπικαλουμένους αὐτόν.

αὐτῷ: *gemeint ist damit Jesus Christus;* καταισχυνθήσεται *(3 Pers Sg Ind Fut Pass von* καταισχύνω): in ein schlechtes Licht bringen, in Schande bringen *(objektiv);* διαστολή: Trennung, Unterschied *(bei Dingen, die eigentlich eine Einheit bilden);* ὁ αὐτός: derselbe; πλουτῶν *(Nom Sg Mask des Part Dur Akt von* πλουτέω): von seinem Reichtum abgeben an *(εἰς);* πάντας: *Akk Pl Mask von* πᾶς; ἐπικαλουμένους *(Akk Pl Mask des Part Dur Med von* ἐπικαλέομαι): mit Namen anrufen.

Ein Einzelner kann sinngebend sein für eine ganze Mitwelt, sofern sie an ihm teilhat. Das bedeutet durchaus keinen Individualismus. Gerade auf den Individualwert des Einzelnen kommt es hier nicht an. An ihm als 'diesem hier' liegt nichts. Es ist eben Rechtfertigung Aller und Sinngebung für Alle, die in ihm gelingt. Die Tugend des Ausnahmemenschen ist, gerade indem sie ungemein ist, doch wiederum in einem höheren Sinn allgemein. Wie sie ein Uebergehen der Fülle auf Alle ist, die nur irgend heranreichen an deren Wertgehalt, so ist sie auch moralisch ein Ausstrahlen auf alle, die nur irgend den Wertsinn haben für Sinngebung und Rechtfertigung. (Nicolai Hartmann)

Woche 52: Apotheose

Platon, Theaitetos 176 b:

Sokrates spricht: διὸ καὶ πειρᾶσθαι χρὴ ἐνθένδε ἐκεῖσε φεύγειν ὅτι τάχιστα. φυγὴ δὲ ὁμοίωσις θεῷ κατὰ τὸ δυνατόν· ὁμοίωσις δὲ δίκαιον καὶ ὅσιον μετὰ φρονήσεως γενέσθαι.

πειρᾶσθαι: sich bemühen, unternehmen, versuchen; ἐνθένδε *(Adv):* von hier weg; ἐκεῖσε: dorthin; φεύγειν: fliehen *(das Durative meint - wie bei πειρᾶσθαι - die ständige Wiederholung);* ὅτι τάχιστα: so schnell wie möglich *(§ 15.7.2);* φυγὴ: Flucht; ὁμοίωσις: das Ähnlichwerden; δυνατὸν: was getan werden kann, möglich; δίκαιον: *Akk Sg Mask (der Akk ist bedingt dadurch, dass das Adjektiv sich auf ein nicht genanntes Subjekt bezieht, das beim Infinitiv im Akk stehen muss [Bornemann-Risch § 235.4; Blass-Debrunner-Rehkopf § 410]);* ὅσιον: religiös erlaubt, gottgefällig, fromm, heilig; φρονήσεως *(Gen Sg):* der gesunde Menschenverstand, Klugheit, Einsicht.

Staat 613a:

Sokrates spricht: οὐ γὰρ δὴ ὑπό γε θεῶν ποτε ἀμελεῖται, ὃς ἂν προθυμεῖσθαι ἐθέλῃ δίκαιος γίγνεσθαι καὶ ἐπιτηδεύων ἀρετὴν εἰς ὅσον δυνατὸν ἀνθρώπῳ ὁμοιοῦσθαι θεῷ.

γε *(hebt das Präpositionale ὑπὸ θεῶν hervor):* gerade, eben; ποτε: jemals; ἀμελεῖται *(3 Pers Sg Ind Dur Pass von ἀμελέω):* vernachlässigen, *(in Verbindung mit οὐ):* wohl beobachten, nicht aus den Augen verlieren; προθυμεῖσθαι: bereit sein, begehren, erstreben, sich anstrengen; ἐθέλῃ *(3 Pers Sg Konj Dur Akt von ἐθέλω):* wollen, einverstanden sein, zulassen; ἐπιτηδεύων *(Nom Sg Mask des Part Dur Akt):* mit Fleiss betreiben, üben, pflegen; εἰς ὅσον: soviel, soweit; ὁμοιοῦσθαι: sich ähnlich machen, sich angleichen.

Hinweis: Jede Religion gründet ihrem Wesen nach auf Kult und Ritual (Gesetz) und versucht, den Menschen einzuordnen in eine 'verteilte', begrenzte Welt. Das Göttliche ist dabei das Übermächtige, dem der Mensch sich letzten Endes zu unterwerfen hat, da es unzugänglich ist. Platon bedeutet hier eine grundlegende Wende: nun wird Religion zum Übersteigen dieser Welt, zur Jenseitshoffnung, zum demütigen Dienst für Gott, zum Aufschwung und zur Angleichung an Gott. Religion ist nicht mehr ein (wohl eingerichtetes) Haus, sondern ein Weg. Seit Platon gibt es daher keine Theologie, die nicht in seinem Schatten stünde. (W. Burkert)

1. Johannesbrief 3,2+3:

᾿Αγαπητοί, νῦν τέκνα θεοῦ ἐσμεν, καὶ οὔπω ἐφανερώθη τί ἐσόμεθα. οἴδαμεν ὅτι ἐὰν φανερωθῇ ὅμοιοι αὐτῷ ἐσόμεθα, ὅτι ὀψόμεθα αὐτὸν καθώς ἐστιν. καὶ πᾶς ὁ ἔχων τὴν ἐλπίδα ταύτην ἐπ᾿ αὐτῷ ἁγνίζει ἑαυτὸν καθὼς ἐκεῖνος ἁγνός ἐστιν.

ἀγαπητοί *(Verbaladjektiv I, § 58.1, zu ἀγαπάω):* (von Gott erwählte und) geliebte; **τέκνα** *(Nom Pl Neutr von τέκνον):* Kind *(unter dem Gesichtspunkt der Abkunft; die Vokabel betont die enge, persönliche Zusammengehörigkeit);* **οὔπω**: noch nicht; **ἐφανερώθη**: *3 Pers Sg Ind Aor Pass von φανερόω;* **ἐσόμεθα**: *1 Pers Pl Ind Fut Med von εἰμί (Medium = Aktiv, § 49.5);* **οἴδαμεν**: *1 Pers Pl Ind Perf Akt von οἶδα;* **φανερωθῇ**: *3 Pers Sg Konj Aor Pass;* **αὐτῷ**: inhaltlich zu beziehen auf θεοῦ; **ὀψόμεθα**: (1 Pers Pl Ind Fut Med): sehen werden *(Medium = Aktiv);* **αὐτὸν**: inhaltlich zu beziehen auf θεοῦ; **καθώς**: (demgemäss), wie *(das Wort unterstreicht die Unmittelbarkeit und Uneingeschränktheit des Sehens);* **ἐλπίδα** *(Akk Sg von ἐλπίς):* Hoffnung; **ταύτην**: *Akk Sg Fem von οὗτος;* **ἁγνίζει** *(3 Pers Sg Ind Dur Akt):* reinigen *(im sittlichen Sinn);* **ἑαυτόν** *(Akk Sg Mask des Reflexivpronomens der dritten Person):* sich selbst; **ἐκεῖνος**: gemeint ist damit Jesus Christus; **ἁγνός**: sittlich rein *(und in Verbindung mit Gott).*

Verzeichnis der Wörter und Formen, die mehrmals vorkommen

Die Zahlen bezeichnen die Seiten, die Paragraphen die Elementargrammatik 'Am Anfang steht der Logos' (→ Bibliographie).

α

ἄ 45
ἀγαθός 16
ἀγαπάω 13 17
ἀδικέω 82
ἀεί 60
αἱρέομαι 46
ἀκούω + *Gen* 18
ἀκούω + *Akk* 14
ἀλήθεια 25
ἀλλ' = ἀλλά 13
ἄλλο 54
ἄλλος 58
ἀμήν 15
ἄν + *Konjunktiv* 15 60
ἀνάγκη 65
ἀνίσταμαι 87
ἀνήρ 68
ἀνθρώπειος 6
ἄνθρωπος 11
ἀποθνῄσκω 53
ἀποκρίνομαι 72
ἀπόλλυμι 43
ἄρα 29
ἀρετή 56
ἀρχιερεύς 77
αὕτη 21   → *Seite 113*
αὐτός, αὐτή, αὐτό
  1. selbst
  2. *mit Artikel:*
    derselbe
  3. *Personalpronomen*
    der dritten Person:
    er, sie, es
  4. *im Genetiv: Possessiv-*
    pronomen der dritten
    Person: sein, ihr

β

βασιλεία 7
βούλομαι 72

γ

γάρ 6
γενέσθαι 106
γένηται 69
γεννάω 15
γίγνομαι 98
γιγνώσκω 62
γίνομαι 17 25
γινώσκειν 14
γῆ 35 47

δ

δ' = δὲ 12
δὲ 12
δεῖ 8
δή 102
δι' = διά
διά + *Akk* 31
διά + *Gen* 53
δίκαιος 22
διό 8
διώκω 85
δοκέω 28
δύναμις 33
δύναμαι 15

ε

ἐάν 15
ἐγείρω 40
ἐγώ 17
ἔθνος 67
εἰ 41
εἶ 70
εἰδέναι 66   *§ 41.2*
εἰμί 64   *§ 40.1*
εἶναι 18
εἶπον 15

εἰς 13

ἐκ 20
ἐκεῖνος 42
ἐμέ 45
ἐμοί 19
ἐμοῦ 18
ἐν 7 11
ἕν 10
ἐξ 20
ἐξαίφνης 102
ἐπερωτάω 87
ἐπί + *Gen* 47
ἐπί + *Dat* 77
ἐπί + *Akk* 17
ἐπιμελεῖσθαι 54
ἐργάζεσθαι 68
ἔρχομαι 9
ἔσται 47
ἐσμὲν 29
ἐστὲ 29
ἐστὶν 17
ἕτερος 21
ἔτι 64
εὑρίσκω 69
ἐχθρός 17
ἔχω 8
ἔχων 31

ζ

ζάω 42
ζητέω 21
ζωή 11
ζῶντες 42

η

ἤ 9 54
ᾗ 38
ἡγέομαι 66
ἦλθον 9
ἡμεῖς 19

111

Artikel und Relativpronomen

		Artikel			Relativpronomen		
Genus		m.	f.	n.	m.	f.	n.
S	Nom.	ὁ	ἡ	τό	ὅς	ἥ	ὅ
i	Gen.	τοῦ	τῆς	τοῦ	οὗ	ἧς	οὗ
n	Dat.	τῷ	τῇ	τῷ	ᾧ	ᾗ	ᾧ
g	Akk.	τόν	τήν	τό	ὅν	ἥν	ὅ
P	Nom	οἱ	αἱ	τά	οἵ	αἵ	ἅ
l	Gen	τῶν	τῶν	τῶν	ὧν	ὧν	ὧν
u	Dat	τοῖς	ταῖς	τοῖς	οἷς	αἷς	οἷς
r	Akk	τούς	τάς	τά	οὕς	ἅς	ἅ

Demonstrativpronomen

		m.	f.	n.
S	Nom.	οὗτος dieser	αὕτη diese	τοῦτο dieses
i	Gen.	τούτου	ταύτης	τούτου
n	Dat.	τούτῳ	ταύτῃ	τούτῳ
g	Akk.	τοῦτον	ταύτην	τοῦτο
P	Nom	οὗτοι	αὗται	ταῦτα
l	Gen	τούτων	τούτων	τούτων
u	Dat	τούτοις	ταύταις	τούτοις
r	Akk	τούτους	ταύτας	ταῦτα

Abkürzungen

Die Paragraphen beziehen sich auf den Syntaxteil der Elementargrammatik 'Am Anfang steht der Logos'.

Akk	Akkusativ *§ 48*
Aor	schwacher (sigmatischer) Aorist *§ 50*
Aor II	starker Aorist *§ 25 + 26 (Form)*
Dat	Dativ *§ 47*
Dur	Durativ *§ 50*
Fem	Femininum
Gen	Genetiv *§ 46*
Imp	Imperativ *§ 51*
Impf	Imperfekt *§ 51*
Ind	Indikativ *§ 51*
Inf	Infinitiv *§ 55*
Konj	Konjunktiv *§ 52 + 53*
Mask	Maskulinum
Neutr	Neutrum
Nom	Nominativ *§ 45*
Opt	Optativ *§ 54*
Part	Partizip *§ 56*
Perf	schwaches Perfekt *§ 50*
Perf II	starkes Perfekt *§ 27*
1 2 3 Pers	1. 2. 3. Person
Pl	Plural
Präs	Präsens
Sg	Singular

Bibliographie

Elementargrammatiken (zum Lernen):

Horst Holtermann, Elementa Grammaticae Graecae, Vandenhoeck &
Ruprecht, ISBN 3-525-72060-2 (klass. Griechisch).

Karl Lahmer, Grammateion, Griechische Lerngrammatik - kurz gefasst,
Klett, ISBN 3-12-670170-1 (klass. Griechisch).

Jörg Büchli, Am Anfang steht der Logos, Elementargrammatik zum
Griechisch des Neuen Testamentes, Pano-Verlag, ISBN 3-907576-18-7.

Grammatiken zum Nachschlagen:

Eduard Bornemann - Ernst Risch, Griechische Grammatik, Diesterweg,
ISBN 3-425-06850-4.

Friedrich Blass - Albert Debrunner - Friedrich Rehkopf, Grammatik
des neutestamentlichen Griechisch, Vandenhoeck & Ruprecht,
ISBN 3-525-52106-5.

Wörterbücher:

Gustav Eduard Benseler - Adolf Kaegi, Griechisch - deutsches Schul-
wörterbuch, Teubner-Stuttgart, ISBN 3-519-07571-7 (mit Worterläu-
terungen).

Wilhelm Gemoll, Griechisch - deutsches Schul- und Handwörterbuch,
Hölder-Pichler-Tempsky (umfangreicher als Benseler - Kaegi).

Walter Bauer, Wörterbuch zum Neuen Testament, de Gruyter,
ISBN 3-11-010647-7.

Thomas Meyer - Hermann Steinthal, Grund- und Aufbauwortschatz
Griechisch, Klett, ISBN 3-12-663200-9 (der Aufbauwortschatz ist
nach Autoren gegliedert und enthält auch einen separaten Abschnitt
Neues Testament).